我的店，小小的美美的

西四数字工作室　编

ZHEJIANG UNIVERSITY PRESS
浙江大学出版社

图书在版编目（CIP）数据

我的店，小小的美美的 / 西四数字工作室编. — 杭州 ：浙江大学出版社，2015.7
ISBN 978-7-308-14717-0

Ⅰ．①我… Ⅱ．①西… Ⅲ．①网络营销—通俗读物
Ⅳ．①F713. 36-49

中国版本图书馆CIP数据核字(2015)第105858号

我的店，小小的美美的

西四数字工作室　编

策划编辑	陈丽霞
责任编辑	刘梦颖
责任校对	杨利军
封面设计	周　灵
出版发行	浙江大学出版社
	（杭州天目山路148号　邮政编码：310007）
	（网址：http://www.zjupress.com）
排　　版	杭州林智广告有限公司
印　　刷	浙江印刷集团有限公司
开　　本	880mm×1230mm　1/32
印　　张	8.5
字　　数	139千
版 印 次	2015年7月第1版　2015年7月第1次印刷
书　　号	ISBN 978-7-308-14717-0
定　　价	36.00元

浙江大学出版社发行部联系方式：(0571) 88925591；http://zjdxcbs.tmall.com

序 言

文/曾鸣

■曾鸣

　　阿里巴巴集团总参谋长，美国伊利诺斯大学国际商务及战略学博士。长江商学院早期创办者之一，战略学教授。2003年起任阿里巴巴集团战略顾问，2006年8月加入阿里巴巴集团，长期负责阿里巴巴集团及各业务板块的战略制定。

一

　　淘宝和天猫每年都有两次盛大的促销活动——"双十一"、"双十二"。这些"大促"，都从大处着眼，而庞大的成交数据也展现着中国电子商务发展的巨大潜力。大平台、大成交、大数据，似乎"大"才是配得上淘宝的主题词。

不过，实际上，近年来让我印象最深的一次淘宝活动，恰恰是关于"小"的。

2011年年底到2012年年初，淘宝经历了一次彻底的"反腐"。痛定思痛，我们开始深入反思自己的运营模式，开始了以"还权赋能"为核心的改革，把淘宝手中的流量分配权还给市场，通过市场机制实现卖家跟买家最优化的匹配，同时着力开发各种工具，提升卖家在运营、品牌塑造、联合营销等各方面的能力。

这些改革思路的集中体现就是2012年年底的"双十二"。在讨论"双十二"的方案时，大家逐渐达成共识：在"双百万"（100万个卖家的年销售额达到100万元）和GMV（淘宝年成交总额）之间，我们一定选"双百万"，因为这才真正符合阿里巴巴的使命；而要实现"双百万"的目标，唯一的路径是"小而美"而不是"大促"，是滋养一大批"小而美"店铺茁壮成长。

"双十二"是淘宝的大练兵，当时做出不做销量、只做"小而美"的决定，其实很艰难。因为无论是淘宝内部的惯性，还是整个业界的期望，都指望着把"双十一"没甩掉的尾货在"双十二"再甩一把。但活动的结

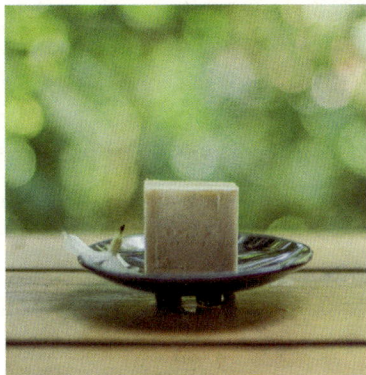

果让我们惊喜，我们发现不是我们的想象，真的有为数众多的"小而美"
存在。不仅如此，我们更发现当真正获得市场运营的权力后，这些"小而
美"卖家们迸发出了无限的创造力。

二

　　平台化的产生、市场化的演变，自然而然会带来丰富多彩，会带来
差异化，会带来"小而美"。只有具备了这样的平台基础，"新奇特"才
会重新成为淘宝最核心的客户价值，买家和卖家才能有更好的个性化匹
配，而不再都是爆款、折扣、标准化产品。这正是将"小而美"作为"双

十二"主线的战略意义。

　　但一系列问题也由此产生：在淘宝上，"小而美"的店铺究竟有多少？它们经历着怎样独特的成长路径？它们活得好吗？平台为它们提供了哪些助力，又施加了哪些阻力？针对这些问题，2013年年底，阿里巴巴集团参谋部进行了新一轮研究。但出人意料的是，从一开始，这项研究就困难重重。

　　要研究"小而美"，就得先从近千万家淘宝店铺中挑出"小而美"。数据分析团队为此设定了一系列数据指标，例如"熟客率较高"、"客单价较高"、"爆款依赖度低"等，可据此找出的店铺仍然毫无特色，做的仍只是淘宝上常见的甩尾单、卖低价的生意，小则小矣，但离"美"确实有很远的距离。

　　事实上，根据上述数据指标选出的，是经营状况良好的店铺，而非"小而美"的店铺。这促使我们反思：以销售为核心维度的店铺数据体系，是否本质上就不适用于对"小而美"的衡量？如果销售不是核心数据维度，那什么才是呢？

　　"小而美"关键在"美"，而对于"美"，一千个人有一千种标准，所以任何一种或几种所谓客观指标，或许都难以概括"美"的全部内涵。

"美"的标准，只可能存乎于人心，众多买家所收藏的、感动的、口碑相传的，就是美的店铺。想清楚了这一点，把消费者维度确立为遴选"小而美"店铺的核心维度，研究的局面就一下子打开了。

三

那么，"小而美"的核心特质是什么？

所谓"小"，本质上是"基于小众需求"。由此衍生，自然题中就有了品类集中、数量有限、追求个性、讲究创新等含义。

而所谓"美"，具体而言，其实包含了"真"、"善"、"美"三方面。在商品质量上"真"；在服务心力上"善"；在这个基础上，店铺及其商品是体现个性的而非满足共性的，是创新的而非抄袭的，是精致的而非粗糙的，是有腔调的而非大路货的，这些就是"美"。怎样才算符合上列标准？当然各人有各人的尺度，但总有共通的几条：所谓"真"和"善"，合起来就是"信誉"二字，而基于个性、创新的"美"，恰扣合了"价值"二字。所以，可以说，"小而美"正是商业本质的集中体现。

当人类社会进入到工业时代后，标准化、规模化和流水线生产确实使物质极大丰富，但"大生产＋大零售＋大品牌＋大物流"的模式本质

上遏制了对个性化需求——或者说"小"需求——的满足。传统意义上的"小而美"要么成为奢侈品，要么在商业舞台的角落里挣扎求生，要么"死"得悄无声息。

但互联网技术正尝试着改变这一切：互联网的聚众效应使"小而美"店铺得以突破时空限制，再小众的需求都可能意味着数万、数十万的客户群体；而基于用户消费行为的数据分析，更使得个性化的供、需的精准匹配成为可能。只要用心、坚持，个性化营销也可以带来可观的收益，进而影响上游，推进柔性化生产；影响下游，激励社会化物流。

从某种程度上说，"小而美"可以成为、也应当成为互联网时代新商业模式的发轫。

四

之前发布的阿里巴巴集团F-1招股书上写着这样一段话："公司创始人为了推动小企业的发展而创办了公司，他们坚信互联网将帮助小企业利用创新和技术来成长。"毫无疑问，包括小店铺在内的小企业的发展是阿里巴巴的初心所在、愿景所归。

具体到淘宝，多元化、丰富性是其核心价值所在，同样毫无疑问，"小而美"正是确保多元、丰富的关键。

但有趣的是，对"小而美"的担忧，不仅来自淘宝外部，也来自淘宝内部。

有一位元老级的淘宝卖家，信用等级达到了三金冠，有一天她哭着问："淘宝做'小而美'，是不是就要抛弃我们这些'大而全'了？"她认真地在淘宝上经营母婴用品，店铺的商品数超过5000件，类目齐全，但近两年来的经营每况愈下，这让她觉得，是淘宝在有计划地扶持"小而美"，淘汰"大而全"。

一些淘宝小二的担忧同样无须讳言。在他们看来，大多数"小而美"店铺有自己的熟客群体，它们因而投放广告较少，通过淘宝主搜获取流量也较少，换句话说，它们对淘宝的"依赖度"较低，这样的"小而美"日益增加，淘宝平台的价值岂不是就越来越小了？

类似那位淘宝资深卖家的担忧不在少数。短期来看，头部、长尾的需求会在电商平台上并存，"大而全"和"小而美"各有各的活路。不过长期来看，不论在线上还是线下，大众需求市场必然将日益细分为小众需求市场，相应地，粗放经营也必然将被基于互联网技术的精准营销所取代。这是市场发展的规律，在它面前，只有"适者生存"四个字。

来自淘宝内部的担忧则关乎一个更深层次的话题：我们要怎样建设一个可持续发展的电商生态圈。根本上讲，阿里巴巴的前途是和整个生态圈的前途绑定在一起的，只有电商生态圈可持续发展，阿里巴巴才能可持续发展。而在低价、低质、恶性竞争日益困扰平台时，"小而美"所代表的对个性的满足、对创新的尊重、对品质的坚持，恰如一股清泉注入，他们是电商生态圈的活力之源，是生态进化的基本动力。所以，不是"小而美"削弱了淘宝平台本身的价值，恰恰相反，是我们为"小而美"做的事情还远远不够。

所以，一方面，卖家应当不断适应电商生态圈的新环境；另一方面，真正有价值的卖家也要继续对生态进化有所贡献。前者要求阿里巴巴更遵循市场规律，建设"竞优"而非"竞次"的平台机制；后者则要求我们更努力地为包括"小而美"在内的优质物种提供"水电煤"，尤其是提供更多数据运营的工具，使其更精准地获知买家所需，更有效地提供服务，让更多的"小而美"们小而更强、美得更有价值。

正如马云曾说的，我们最终要把阿里巴巴从"有"做到"无"。我们不是这个生态圈的上帝，而是基础设施的建设者，是服务员，将来有一天当生态圈里的各个物种都能不依赖我们而健康发展、推动整个电商生态圈生生不息时，我们才能说：阿里巴巴完成了自己的使命。

五

浙江大学出版社和阿里巴巴数字阅读合作出版的这套"小而美"丛书，因此而格外有价值。书中写到的一家家店铺、一位位店主，令人感动，更令人感恩。感动的是他们对美的创造力和坚持心，而感恩的是，如果说阿里巴巴取得了一些成功，那么其中的每一分都应归属于卖家、买家和时代对"美"的追求。

　　或许，我们本不需执着于"小而美"的定义、战略、维度等，只要大家能感受到这种"美"，并安然享受它所带来的物质和精神的满足，就够了。

　　这些故事，一方面，希望它们对淘宝上的广大买家有所推荐：除了"价廉"，"物美"也是淘宝的style（风格）。同时，希望它们对广大的卖家有所启发：生意可以这样做，也应当这样做。最后，还希望它们对所有阿里人有所鞭策：审视自身，我们还可以做哪些工作让"小而美"成长得更舒心、更简便。

　　几年前我说过，淘宝的未来一定是冲着"小而美"去的。是的，这一点，我始终相信。

第一章

生活，核心的美好

手工皂里慢"森"活　003

一锅汤带走城市的孤独　009

让简餐不再孤单　021

甜品吃货的美好时代　030

看得见风景的房间　043

万物皆有灵性　052

第二章

良品，本质的真实

如何一直美下去　061

做木质家具的"探寻者"　080

"轻客"在行动　098

只为一杯好咖啡的感动　113

目录
CONTENTS

第三章

情怀，初心的温暖

今晚，把童话带回家　125

真名士，自风流，何不来口肉?　133

松鼠公主，请带我去你的纳尼亚　141

一味一情怀，一禅一世界　152

一切很美，我们一起向前　160

轮回月色与星之美　172

3

第四章

态度，理想的高度

一个人的车展　185

把自己穿成一个传奇　194

Ye's! Yes!　212

无滞于时光　220

就这样将这情怀传承　230

外　篇

夏初·远方：一座城、一爿店、

一个萌芽的爱情故事　245

第一章

生活，核心的美好

手工皂里慢"森"活

文/两木

两木

　　喜欢一切木质品，名字中包含两个"木"，认为人应该像木一样有力量将自己从泥地里拔起来。工作幸与书籍结缘，渐渐发现文字中的力量与万千世界后，坚信文字是人类思想之精华，是打破现实一切束缚之力量所在。

　　太阳初升，薄雾轻笼枝丫，紫色的鼠尾草露水初沾，清凉的空气从每个毛孔进入身体，逐一唤醒每个细胞。老莫每天都在这时醒来，慢榨一杯果汁，走进他屋后的花园，静静打理。这是他自己的微森林。

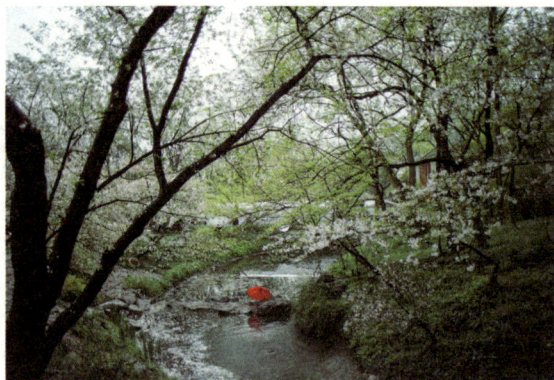

像森林一般沉默质朴

森林，每日吸纳二氧化碳、吐出鲜氧之所在，涵养水源、巩固土壤，用最自然的纯净，不断净化着这颗星球。

老莫的手工皂店取名"莫瑞花园"。"莫瑞"，日文发音mori，森林之意。如此取名不仅仅因为这一团团手工皂是用最自然恰当的原料制成，更是因为这些皂像森林一样纯朴、自然。在老莫眼中，森林一直默默地站在世界的角落，人们甚至都遗忘了它的存在，但它却默默滋养着万物。同样，在被我们忽略的角落，皂也一直默默改变着肌肤的内里。这就是慢的哲学，这就是慢的功力。

在老莫看来，万事只有老火慢炖才出芳华。老莫每日清晨从花园中采下新鲜花材，清洗、浸泡后按照配比入皂。做皂也是一门学问，从基础油料到精华液的提取都要一一把关，精心挑选品质有保证的原材料，不能盲目追求供应商的品牌，更不能为了控制成本降低标准。是的，一切都应该是恰恰好才可以，不多一分不少一分才能生出魔力。

老莫店里皂的种类不算多，但每款皂都有自己的切实功效。寒来暑往，老莫利用自己的药理学知识，在实验室里不断地进行实验，查找文献，研制配方，精确计算出做皂的最佳温度、湿度、材料比例和皂化时间，制成最具佳效的皂。

在满世界包邮、满世界打折、满世界无条件退款的今天，在大家都疯狂地扩张自己的商业版图甚至不问赔与赚的今天，老莫的花园就像森林一样，静静站在世界的一隅，低调地净化肌肤，踏实、稳健。

慢慢来，刚刚好

是从何处来的力量，让这片森林在城市中找到自己的位置？

老莫承认，坚持与放弃之间的拉锯其实真的很痛苦。他说，每个人都一样，都会陷入一次次的痛苦挣扎。仔细想想，其实这才是生活的本来面目吧，不仅仅有着美丽的外表，更多的是稀松平常的生活，是坎坷不断的遭遇。但，森林清爽、纯朴的背后，也正是万年落木积下的萧萧败叶。所以，将腐败的、丑陋的不断发酵，使之成为源源动力，才是森林的真正意义所在。皂也一样，数月静止，液体之间慢慢发酵，才能形成最强大的净化力。

老莫笨拙，只做自己认可的、确实有价值的东西。他说："人这一生的时间短暂，我只是经历了几次小坎坷，就已经度过了大半生。我留恋这个世界，所以我想让我的时间像儿时一样慢慢流淌，慢慢度过。我现在更愿意集中精神做一件事，精神集中了，时间就慢下来了。我想慢慢走，所以我的生产也只能慢慢走。没有值不值得，只是不能违心。即使现在品牌遇到困难，我也只能如此。对于我来说，这样刚刚好。"

是的，不好也不坏，刚刚好。现实就是这样，不管心灵鸡汤和正能量如何大肆鼓吹"生命是美好的"、"只要努力，一切都是你的"，现实并不那么美好，它不像我们所期待的那样永远平平稳稳，它是时

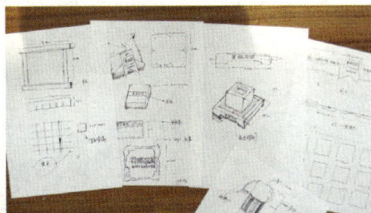

不时将灵魂震到三千英里外的一记闷锤，是稍一走神就将你拖着走的不管不顾的脱轨列车。但现实也并不那么坏，就像森林一样，残枝枯叶慢慢掉落，慢慢腐化，慢慢渗入，慢慢发芽，慢慢开花，一切刚刚好。其实小清新老莫的生活如此，简单美好的莫瑞花园也如此。

慢慢，刚好。

一锅汤带走城市的孤独

文/秦舒雅

秦舒雅

　　太阳狮子上升射手，又自恋又爱胡闹；

　　学法律、做规则，写字儿、画画、玩音乐，左脑负责逻辑，右脑负责撒娇；

　　三十岁放弃专业，投身理想，从业余写手变成专职出版人；

　　青春期过长的不靠谱女青年。

　　在搬家之前，燕子从厨房里找出几包汤料递给我。她说："剩的不多了，留给你，自己煮来喝，一种补血调经，一种养胃安神，都适合你。"

　　我愣在一边不知道怎么接话，她一如往常继续唠叨："你最好也经常煲汤喝。这个卖家不错的，食材正宗，包装细心，煲汤的步骤写得很详细，包装袋背后就有卖家店铺地址，你要买就自己去网上找来看看。"

　　我转身离开厨房，以避免听到她接下去那句话："我搬走了，给你机会好好照顾自己。"

记忆中的友谊，有着榴梿鸡汤的清香

　　燕子是我的同事，也是我多年的好友。她花钱给自己在遥远的郊区买了一套单身公寓，而在此之前我们做了半年的室友。

　　我和她同一批进入这家公司，然后以白羊和狮子的名义，成了好朋友。狮子座，很容易拉帮结伙，和各路人马打成一片。不过，在和白羊座交往这件事情上，我还是很审慎的，我怕自己太容易就掉入他们黏糊糊、孩子气的陷阱里。

　　燕子比一般白羊座更突出的一点就是，她是一个非常纯正的吃货。

　　以前，她借住在距离我父母家很近的一个亲戚家里，我们常常一起步行回家，尤其在加班几个小时之后。她喜欢边走边吃，一路吃回去。街边摊头的萝卜丝饼、社区食堂的雪菜炒饭、奶茶铺子的双皮奶、水果超市的"泰国金枕头"，她都是不肯错过的。

那条路上有一家开在一个老式小区里的家常菜馆，我们经常去光顾。老板娘是一位上了年纪的阿姨，东西便宜、量足，重点是菜做得有老底子的味道。白羊座喜欢什么的时候总喜欢找很多理由，比如臭豆腐很酥，炒米粉很香，糖醋小排每盘都能拉出一点点丝，荷包蛋每次都刚刚好有一点溏心。我不是这样，我每次都只要一例榴梿鸡汤，就满足了。

榴梿鸡汤是用榴梿壳内白色的瓤做的，香甜异常，这家店的例汤每一盅里都有一大块鸡脯肉以及吸饱汤汁的榴梿瓤，好吃好喝，可以让人爽到把一整天工作的疲累都忘掉。

最后一次去那家店，汤，只剩下最后一盅。才开始喝的时候，燕子说，她要搬走了，要在公司附近租一个带厨房的房间。她还说了什么我完全不记得了，当时我只是在想以后可能是不会来这家店了，也不会听到老板娘每次都问我，你亲戚没来吧，然后说，那就好，这汤亲戚没来的时候可以喝，喝了对小姑娘有好处的。

爱情伤我腑脏，友情是那碗疗养的汤

　　燕子租的第一个房子，其实就是一间长得像过道的房间，它所带的那个厨房，要穿过一个很多人共用的客厅以及一个别人用的房间。我深以为，她是不会用那个厨房的，可是我总是太容易低估了身边的白羊。那年夏天，她常带着她自己煲的糖水去上班，每次都会分给我一碗。桃胶银耳羹、绿豆薏仁汤、红豆红枣汤，不管她变换什么花样，每次端给我的时候，她都会指着我的黑眼圈说，给你下下火去去燥。

　　后来，燕子租的房子我再也没去过。那两年，我总是很忙，不是忙着天南海北地工作，就是忙着和那没出息的前男友缠绵。

但听燕子说，她的厨房越来越大，工具、家伙越来越多。她开始用面包机烤面包，用榨汁机做奶昔，用烤箱做蛋挞和芝士蛋糕，用摇酒器来调酒，重点是她还用很多复杂的材料来煲汤。

当时，我是怀疑的，特别怀疑燕子能驾驭汤这种需要细心和耐心的菜式，毕竟她曾经是一个连刀豆和豇豆都分不清的姑娘。直到我因为工作关系不得不搬离父母家，和燕子住在一起之后，才相信：这个世界真是有奇迹的。

那个时候，我刚失恋，总是怀着一种怨天尤人的情绪，不管做什么都提不起劲，不管吃什么都是涩涩苦苦的，或者根本没有味道。

第一个月，我白天困乏想睡觉，晚上精神得可以看完一整套美剧，头发长了两厘米，体重掉了六七斤。好心的燕子，她做起了我的"田螺姑娘"。

每天早上，她给我做各种各样的水果羹。桃胶蔓越莓雪梨羹，滋阴润燥；白茅根红枣苹果羹，清热解毒；腐竹莲子木瓜羹，补中益气；皂角米红糖猕猴桃羹，清养美容。

这些汤水都清甜可口，让人胃口大开。燕子辛勤地更换着里面的水果。不同特质的汤底配不同种类的水果，据说才能达到最理想的滋养效果。于是，我开始期待，期待每天早晨起来会和哪一种汤水与水果遇见。有时候我试图在前一天晚上去厨房打探，但总被燕子挡在门外。她的意思是，请明天起早，为了每天的惊喜你总该早睡早起了吧。

每周有一两次，燕子还会催我下班回家喝汤，晚饭前二十分钟。

海底椰南北杏汤、海藻昆布汤、葛根竹荪海底椰汤，清热降火，还能帮助我消掉脸上的痘痘。

竹荪猴头菇虫草花汤、虫草花干贝玉竹汤、台湾四神汤，口感香浓、健脾开胃，让我每次喝过都味蕾绽放，胃口大开，唇齿留香，五脏庙得到十二分的满足。

燕子只跟我强调这些汤的好处，从来不跟我提"失恋不要伤心，更不要伤身"。那些说白羊座行事冲动、直接的星座书，后来我再也不看了。当然，也有可能这都是因为她的上升星座是贤惠的巨蟹。

太阳白羊、上升巨蟹的同学真是不得了。她用一碗汤，拽着我奔向阳光和健康。虽然方式方法很简单，但对我这种习惯一找到理由就躲在角落里自怨自艾的人来说，却是刚好对症。

我开始爱上，炊烟的味道

燕子搬走以后，来了一个男生做我的室友。我只见过他一次，就在他搬进来的时候。我们只是打了个招呼，余下并没有多说一句话。他大概是用了意念，很快地就把自己的东西全部收进了房间。后来，我早上出门，晚上回家，他的门从来都是紧闭的。有时候，我会想留一张纸条给他：Hey，哥们儿，你付的租金可是包含了客厅的，就这么把客厅都让给我，怪不好意思的。

燕子搬走四个月了，这套两室一厅的房子，已经没有了炊烟味儿。

我脸上的痘痘又开始发芽，早上要两个闹钟才能勉强叫醒我。晚上写稿子，咖啡、烟、酒、零食堆满了案头，加重了我的黑眼圈和口臭。

我又开始"作"，一面不断地给自己的生活加速，一面皱起眉头表现出习惯性的多愁善感。

燕子把她买汤料的店铺地址发给我，催促我自己动手煲汤，比出版社催稿更加频繁。我是一个爱"被逼"的人，终于"被逼"得买回来一堆材料。

我终于明白燕子能在短时间内掌握汤这种料理，并且好像基本上已经把握了精髓的原因。

把性味合适的材料，配成一份一份的汤料，每一份当中，各种材料独立包装，分量得当，相互配合，功效互补，口感充分。

只需拆开包装，轻轻洗净，再按照每份包装后面的详细指示，把材料一样一样依序放进锅里，先开大火，再改小火，然后只要耐心煲上几个小时，不出错，不过火，就可以端端正正地成一锅汤。

　　如果还想花点心思，可以像燕子一样，为每一种汤底找恰当的主料。

　　海藻昆布配乌鸡，葛根竹荪配鲫鱼，五指毛桃配排骨……肉和药材的香味融合在一起，能让整个厨房甚至整个房子，都充满温暖的炊烟味道。

　　曾有个朋友说，在家做饭可以减压。那时候我冒失地以为，这是他因为某些不得志而产生了逃避的念头。但现在，我开始喜欢这种炊烟的味道，它让我离开日常生活的焦躁，离开那种不真实的飘浮感；它让我耳边响起一些叮咛，来自父母的、燕子的，以及一些已经离散的人说起过的，那都是热乎的话。

我买了一个电炖锅，可以定时的，它成了我现在的"田螺姑娘"。

早上出门前，把桃胶、银耳洗干净，加水泡发。晚上回到家，把准备好的糖水材料，整整齐齐码进锅里，定好时间。第二天早上，这锅糖水早餐会准时把我叫醒。

晚上在家，把煲肉汤的材料都准备好，早上出门前把它们都放进锅里，同样定好时间，它会在我加班的时候把汤煲好，夜深时回到家，对于我那冰冷的胃，就是莫大的安慰。

我那冷漠的现任室友，有一天早上被水果糖水的清甜香味熏出了房间。那天，我在糖水里专门给他加了一整个儿的鸡蛋。他就这么加入了我的喝汤阵营，他还开始送我上班，开始使用我们的客厅，甚至开始参与厨房的工作，摆弄他比较擅长的牛排、鳕鱼和鹅肝。

在漫长的夏天到来之前，我决定去多买一些容妈妈家的汤料，给我的电炖锅制订每天两班有规律的工作计划。这样我的胃可以整天活在一种滋养里。如果顺利的话，我想我的心会跟着胃一起，走上踏踏实实的正常生活道路。

而且，夏天总像是一个假期，可以邀请很多朋友来家里，包括搬走快半年的燕子。给大家端上一锅消夏解暑的汤，围着新室友出品的鲜嫩海鲜，可以聊整整一个晚上。

在这个城市里，不管我们来自哪里，孤独，犹如荒漠里的沙丘，好像始终存在。厨房里的一锅汤，对我们终日面对的巨大而又芜杂的生活来说，其力量似乎微乎其微。但是，它竟然成为一种介质：它为我内心偏爱白羊座找到了现实的依据，它为我和新室友的友谊建立一座独特的桥梁，它为我改变矫揉造作的心理状态提供了一个突破口，它为人间烟火的生活展现了一番幸福美满的面貌。

让简餐不再孤单

文/季秋

> **季秋**
>
> 　　淘宝依赖症患者，从吃穿用度到房屋装修皆靠阿里旺旺完成。从不赌咒发誓剁手，从不设定支付宝额度。但亦不算宅一族，对坊间街头同样有爱，可随时轻重旅行。"季秋"不是她淘宝用户名，请不必搜索，只是常常用来闲涂几笔的雅号、网名，偶尔也被当作真名叫唤。

　　微博上有一个吃货这么写道："总有一种胆固醇，治愈你的失眠，戳中你的泪点，让张爱玲走进厨房，让'管家'起身煮面，让人恨得咬牙切齿，让人爱得神魂颠倒。"

　　这位在吃货心中竟然能跟张爱玲相提并论的"管家"，就是"管家的日子"的掌柜，"管家面条"的掌门人。

　　管家很酷，旺旺从没有点亮的时刻，并且在购买提示里很明白地告诉你：不开淘宝旺旺，有特殊要求请于购买时在备注里说明清楚。

　　管家的店铺签名是"质朴是我追寻的方向"。所以管家不是故意傲娇，而是实在忙不过来，你可以称他为设计工作室总监——据说是服装设计，可以称他美食家、生活家，总之管家实在不是职业淘宝卖家。或许也可以称呼他为淘宝的"票友"，票友和下海的区别不在水

平，而在是否赖此为生，就像俞振飞从不认为自己是职业昆曲演员。

师承秘门的面条鬼才

据说这家店铺最早的时候，只有一种商品上架，就是"管家面条"。而且面条还不是天天有，要看管家的心情和时间。很快管家发现，店里商品全部下架的话，淘宝店就自动关闭了，下次再要卖面条，他还得把开店流程全部重新来一遍。后来管家学聪明了，吊一样没人会买的东西撑门面。

管家的这项手艺和爱好，实在很令人吃惊——上海小菜、点心固然五花八门，但你可曾听说过一个地地道道的上海人会自己在家做手工面条？不是偶一为之，而是持之以恒，不仅持之以恒，还品牌响亮，知道的人一传十十传百，管家为了满足大家的口腹之欲而摇身一变成为非职业淘宝卖家。管家努力地做着面条，不是为人民币服务，而是真的为吃货服务！

你搞不懂管家师承何处，他没服务过哪家米其林三星餐厅，也讲不出《舌尖上的中国》那样的原生态乡村故事，但你就是能看到各种美食达人买他的账，俨然美食界的长乐帮帮主石破天。

　　因为不是随时能买到管家面条，管家也懂得体恤大家，知道大家不能成天坐在电脑前刷屏等着上货，于是有货的时候管家会在微博上发通告：上面条啦，明早9点开拍！一个上海电视台的编导说，明明看到通知也还是拍不到，后来她想了办法，定闹钟，提前趴在屏幕前等上架，那架势，就像"双十一"秒杀100块的iPad。

这不叫简陋，叫质朴

　　管家的质朴体现在所有的细节上，面条一定是手工的，包装一定是最简易的保鲜袋。常有顾客评价说："不能搞个纸盒子吗？"管家面条的烹饪法也很质朴，把"三开馄饨两开面"的老话忘记吧，面条下在滚水里60秒起筷，就是刚刚好的节奏。也不需要放繁复厚重的浇头，用培根、新鲜罗勒、青酱、橄榄油、生抽，或者你能想到的其他配料，简单拌出来，就足以让你难以忘怀了。

　　不过管家提供更好的搭配，譬如管家的葱油，尽管没有标上"管家"牌，却同样是秘而不宣的绝艺制成的。吃过管家的葱油拌出来的管家面条，你还会想着大排、酱蛋这些俗物吗？

　　现在，管家终于加大了面条的生产量，粉丝们无需再以秒杀的精神等候了，他还开始少量地卖上海大馄饨皮、小馄饨皮。但诚挚提醒，如果你是以下几种买家，请坚决、果断放弃购买：对南方面条很不感冒者，管家面条属南派；对卖家的服务态度有较高要求者，因为管家根本不开旺旺；不买贵的一族，管家的宝贝真心不便宜，一罐葱油的价格是120元；心疼运费者，运费是系统自动计算的，不会包邮，也不会优惠；行踪不定者，因为管家面条的发出时间已经有点小不靠谱了，如果你再成天不着家，这面条收到时恐怕已经馊了；立夏后上海以外地区，理由同上。

阁主"开光"，吃死不胖

管家多少有点小神秘，也不爱张扬，相形之下，他的美食界朋友梅玺阁主要活泼、跳脱得多。梅玺阁主是爱晒幸福的人，所以他的小店就叫"梅玺阁之幸福生活"。和管家一样，他也是位淘宝"票友"。梅玺阁主，知名美食作家，以《下厨记》三集、《寻味记》一册闻达江南，声通北地。阁主亦是圈内朋友都知道的顽主，各种玩意儿对阁主均是正经事儿，从下厨到做皮具，从无线电到Linux，从评弹到昆曲，从养兔子到带女儿，近年他又成了跑步运动

爱好者，这样的人生实在很难不幸福！

　　阁主亦是学设计出身，领工资的工作和网站设计有关，所以阁主对淘宝店的装修很不在乎。"梅玺阁之幸福生活"的美，不在外表，而在内秀！阁主不仅仅是非职业卖家，简直还将淘宝店变成了社交平台，否则怎么会有阁主用过的索尼耳机、阁主用过的二手硬盘（装满了各种评弹）、阁主在法门寺"假古董一条街"买的小玩意（不知道是什么）……甚至，还有阁主的小女儿画的明信片！你还能在这里买到梅玺阁主"开光"的"吃死不胖"批量塑胶手环。阁主认为这可不是个玩笑，是经过好几位心理学家研究探讨的。当你花了18元钱买了这样的一条手环戴在手上，你就已经走出第一步了，你已经在意识上希望自己不再胖下去了……只能认真地说，这是一个美食达人献给吃货们的美好祝愿。因为，阁主的小店也卖正宗地道的梅记出品辣肉和香菇肉酱！

小时候的辣肉，就是这个味

同样是面浇头，对于管家，辣肉是周边产品，对于阁主，辣肉是主打产品。和管家版相比，梅记的肉块更大，不放芝麻，更甜更不辣，也可以说，更遵循上海人的传统口味。有人还说，阁主的辣肉味道层次丰富，回味悠长，和香水的前调、中调、后调有异曲同工之妙。阁主说，他就是把那种旧时辣肉的味道做了出来。一家小时候吃过的凤阳路上的辣肉面店，让他记了一辈子。好吃的东西，真可以刻到吃货的灵魂里去。

阁主的辣肉没用黑毛有机猪，就是普普通通的有检验猪肉；没用橄榄油茶树油芥子油，就是普普通通的玉米调和油；没放井盐岩盐进口盐，就是普普通通的海盐；没放太古糖大冰糖，就是普普通通的白砂糖；阁主在自家的厨房里做辣肉，没有炭火直火啥啥火，就是普普通通的煤气灶。阁主只承诺不使用地沟油，不使用防腐剂，不使用味精，不使用猪肉香精。小时候的辣肉，就是用这些普普通通的原料、器材一步一步用心做出来的。

阁主最初开始"为人民服务"的时候，并不走物流。那时候，他把他的辣肉寄放在朋友的茶餐厅里让人领取。可能一是需求量越来越大，二是考虑到长期麻烦朋友不便，阁主现在开始雇用"顺丰镖局"押货，所以外地的朋友也可以尝到阁主辣肉了——除了在气温30摄氏度以上的日子里。

阁主只要不出差，不出游，不出行，就一周生产一次，一般会在每周日的傍晚上架下一轮的货，原则上辣肉是肯定有的，香菇面筋和香菇肉酱二者选一。一个人的产量就是这么点了，周日晚上守在电脑前的话，多半能够买到，你懂的。

甜品吃货的美好时代

文/徐徐的飞

● 徐徐的飞

　　某知名互联网公司的"挨踢"民工，号称技术宅却对文字有着天然的亲切感，总喜欢将看到、听到的故事记录下来，因为坚信富有生命力、存在感的文字，总会在网络的某次点击中，与人相遇，给人以美好的感受和想象。

　　故事的主人公瑛姐是一位地地道道的江南女子。生于江南名城常州的她，在江南人特有的"食不厌精"的饮食文化熏陶下，骨子里继承了那种对食物的"挑剔"。甜，是日常饮食必不可少的一味。也许正是这一味日复一日的潜移默化，在她心里种下了一颗甜蜜的种子。

大学时代宿舍里四个女生都是
江苏的，但是只有她，对甜的
喜爱，是渗到骨子里的。

500万元的甜蜜假设

假如你有500万元，你想做
什么？

这个问题，大概从我们记事
起，就一直被人问来问去，瑛姐
也是一样。那年当大学老师问起
时，她就对自己说，假如我有500
万元，我想开个蛋糕店，然后随
心所欲地尝遍各种蛋糕。但她也
知道，这个梦想是不现实的，爸
妈辛辛苦苦供自己上大学，是不
会愿意看到女儿毕业后去做蛋糕
的，所以只能想想而已。

　　毕业、结婚、生娃，瑛姐选择了和大多数人相同的生活道路，对于未来也没什么规划。直到2009年的某天，在一次与老公的闲聊中，她无意间说起了大学时代的想法，不想却得到了老公的全力支持。于是她买来了烤箱、打蛋器，从各处打听蛋糕的做法，懵懂而又热情。但这份热情没坚持多久，她就懈怠了。一个人做实在是太难了，梦想的小火种刚被点燃，就熄灭了……

　　秋去冬来春又回，时间转眼到了2011年。某天，瑛姐的老公接到一个与蛋糕店合作的工作任务，但他碰巧没有时间，就由瑛姐负责跟进。在之后的几个月里，瑛姐在那里参观、学习，重燃了对蛋糕的热情。她又一次对老公说想学做蛋糕，老公也再次表示了支持，只是轻声说：这次要好好坚持下去。瑛姐也跟父母谈了自己的想法，他们果然很反对。一个烘焙梦，就这样在质疑声中重启了。

家有蛋糕刚出炉

　　烘焙之路是漫长的。报烘焙班，选购烘焙的基本用具和材料，事无巨细，瑛姐都亲力亲为。但在烘焙班学了一段时间之后，瑛姐发现那里的烘焙理念和她自学到的很不一样。她以为，家庭烘焙应该是健

康的绿色烘焙，然而烘焙学校教的却是市面上一般蛋糕的做法：廉价的原材料、各种色素、各种添加剂。

一气之下，瑛姐放弃了烘焙班的学习，选择在家自学。买专业书籍，找前辈取经，用最好的原料，在不到三个月的时间里，她成功完成了100多个蛋糕。前期自己试验自己品尝，后来请朋友、亲戚品尝，她老公吃得连连讨饶：我这个试验人员都不想吃蛋糕了！

2012年5月，瑛姐感觉自己的蛋糕能拿出去见人了，才终于开了淘宝小店——欧客家。起初欧客家在淘宝上生意平平。一次偶然的机会，瑛姐闲暇时做了一份无添加曲奇饼干，朋友品尝后大为赞赏，催促她赶紧放到淘宝小店上去。试销售的结果大出所料，好多常州的消费者品尝了曲奇之后，都非常喜欢，这大大鼓励了瑛姐。

现在越来越多的消费者开始关注健康、购买绿色食品，而瑛姐做的曲奇刚好又都是无添加剂、无防腐剂、无香精色素、无反式脂肪酸的"四无"产品，于是销量立马就打开了。

"曲奇雄兵"的战斗岁月

开淘宝店和学习烘焙一样，继续考验着瑛姐的耐力，好在这一次，她没有中途放弃。

最开始的时候，瑛姐、老公、表妹、妈妈以及两个阿姨组成了"曲奇雄兵"：凌晨5点，辛劳的阿姨们起床开始忙碌，一直忙到快递将所有包裹都拿走，一抬头，天已黑；晚上9点，阿姨们开始休息，结束一天的劳作，此时的瑛姐和表妹，则继续熬夜并肩作战；深夜零点，表妹开始收工，忙碌了一天的瑛姐和老公却有一件更重要的事情需要去做——统计订单。因为那时订单量不稳定，买一个打印机不划算，他俩就轮流抄写单子，一写就是两三个小时。

回忆起来，一切都无比美妙。似水流年中，瑛姐将烘焙奇迹般地坚持下来了。

淘宝，看似一个简单的网页；烘焙，貌似一门复杂的手艺。这一繁一简中，却蕴含了欧客家所有人的努力。瑛姐说，就算再苦，也不会放弃，人生何其短，能找到适合自己而自己又很喜欢的东西，十分不易。只是在这坚持中，有时想想，他们觉得对不住自己的孩子。那是他们第一次参加"双十二"，忙成一团，没有人有时间送宝宝回家，夜深的时候，只能将宝宝放在仓库入睡。他们这么拼，只是想让大家早点尝到那份美味。

真正意义上的手工饼干

随着美食的火热，蔓越莓曲奇饼市场开始大打价格战。这让瑛姐很受伤，因为她深知一份真正的无添加手工曲奇饼的价值。做曲奇，最重要的是油的使用。油分很多种，一般蛋糕房用的是人造奶油，俗称酥油，酥油的特性是做出来的糕点会比较酥脆。但既然叫人造奶油，那就是人工合成的，类似真正奶油，却不是真正奶油。人造奶油含有反式脂肪酸以及一些添加剂。

而瑛姐家曲奇用的油是进口黄油，学名奶油。黄油是烘焙界公认

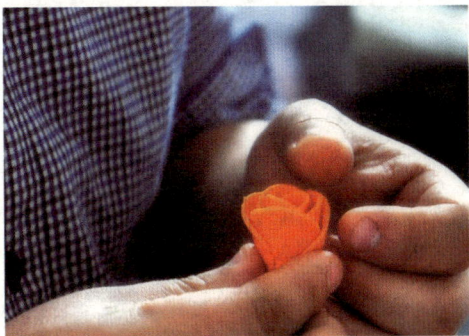

的最好油脂，价格也是国产酥油的几倍，因为50千克的牛奶也只能提炼出1千克的黄油。黄油做出来的曲奇虽然没有普通曲奇那么酥脆，但却有一种特殊的香味，并且不含任何反式脂肪酸和添加剂，深受家庭烘焙爱好者喜爱。而瑛姐正是把对家庭的呵护与关爱放在了曲奇里，传递给消费者。

欧客家深知，产品永远是卖家安身立命的根本，无论时代如何发展，营销形式如何变化，消费者舌尖上的体验，是无法骗人的，半点含糊不得。因此，想要一直受到消费者的追捧与喜爱，唯有不辜负品质与爱。

个性定制的出其不意

有些话，说出来和做出来，效果是截然不同的，这点在甜言蜜语上体现得尤为明显。因此欧客家在保证饼干品质的基础上，开始求新求变，致力于为消费者打造一流的个性化情感体验。欧客家的团队在与顾客的交流中发现，有些顾客买饼干并不是自己吃，而是送给亲朋好友，这时饼干就变成了亲友之间表达情感的小礼物。于是欧客家顺势推出了创意刻字饼干，把顾客想表达的话写在饼干上，让亲朋好友看在眼里，吃在肚里，甜在心里。

消费者在看到创意刻字饼干后，热情一发不可收拾：有孝顺的孙子，给乡下的奶奶寄去了刻着"愿奶奶身体健康、远离农活"的杏仁切片曲奇，相信奶奶收到的那一刻，一定是满满的感动吧；也有贴心的暖男，在"5·20"那天给心仪的女生寄去了"给个机会呗"的创意饼干，这位含蓄的小伙，在姑娘打开包裹看到他的心意后，又会得到怎样的惊喜呢？

正是这样一次次的情感传递，让欧客家与吃货们的心，越来越紧密地联系在了一起。

　　创新，是持续黏住消费者的撒手锏。在舌尖体验不断拔高的今天，欧客家另辟蹊径，从吃货的情感体验入手，求新求变，在一次次的感动中留住顾客。铁打的吃货，流水的卖家，唯有时刻保持创新，保持新鲜感，才能赢得吃货永久的芳心。因为你那么用心地付出，消费者一定感受得到。

努力用心的极致体验

　　做淘宝，很多卖家觉得将货物发出去就万事大吉了，其实包裹发出后，挑战才刚刚开始。消费者收到包裹并体验过后，才算完成了一个购物的全过程。因此现在的卖家，都在产品的最终体验上下足了功夫，不放过任何一次与消费者接触的机会。在这方面，欧客家也不断努力着。

　　当你打开欧客家包裹的那一刻，你会为他们的体贴所感动：试吃小包装、湿纸巾、掌柜的感谢信，最让人赞不绝口的是他们的外封袋。爱吃饼干的小伙伴都知道，买来的饼干往往一次吃不完，需要封口留着下次再吃。大部分的吃货一般都是将剪开的口子折叠起来用夹子夹好，不过这样难免因为漏气而导致饼干变质。欧客家独创外封式设计，吃的时候撕开封条，吃不完，重新合上封条，既保证了密封性，也不需另找夹子。一个星期之内吃完，品质妥妥的。

好老公的定义

打理淘宝小店的生活平实而简单，一次老公问起瑛姐：当初有没有想到小小的烘焙会成为大大的梦想？

瑛姐笑着摇头："说实话，真没有。记得大学时，只是喜欢吃面包，就暗暗想开个面包房多好。可是自己所受的教育告诉自己，父母是不可能同意我去做一个蛋糕师的。幸好遇见了你，3年前，我偶尔的一次提及，你支持了我，买回了第一个烤箱。从开始的一窍不通到现在的熟能生巧，虽然还有很多需要提高的地方，但庆幸的是一直将烘焙坚持了下来，并且有了自己的网店，得到了很多朋友的认可。我一定会将我的烘焙梦想坚持下去，虽然做淘宝真的很累——从没体验过的累。"

好的老公，愿意让妻子成为她想成为的人。

面粉在空气中飞扬，蔓越莓在砧板上跳动。瑛姐和表妹在工作台上不分昼夜地揉着面团，再将面团分成等份，一个一个地将小小的面

团搓成长方形，放到砧板上，再放进冰箱冷冻，切片，排片。

另一张桌子上，瑛姐的妈妈和阿姨们拿着小小的秤，称重，真空包装，装外包装袋。瑛姐的老公在电脑前做着客服，回答着买家的提问，统计着买家的订单。

这是一个淘宝饼干店的生活剪影，更是淘宝上众多店主的日常缩影。在很多消费者看来，一家淘宝店，只是鼠标点击到的几个网页，而对于店主们来说，这一家店或许是他们生活与理想的全部。我们不知道欧客家会走多远，但是他们对于烘焙的爱，会伴其一生。也许，这就足够。

看得见风景的房间

文/盖桐

▌盖桐

生于辽宁，毕业于大连理工大学化学工艺专业。现就职于北京某科技企业市场部，每天与各类数字和软硬件工程师打交道，朋友圈却常常被影视传媒和互联网行业信息刷屏。朋友中的"明星买手"，混迹于各大电商网站，尝鲜小能手，致力于降低朋友们的网购失败率。

"太阳天蝎，月亮巨蟹，上升双鱼，打滚在科技行业的工科东北姑娘。"每当我这样介绍自己时，对方都会带着感叹号向我发出疑问"我一直以为你是学文的！"或者"但你明明就是南方姑娘的样子啊！"一般这时，我就会搬出万能答案："人家可是高纯度的水象星座呢。"

听说水象星座的人靠感受理解世界，情感永远是他们生活中最优先的考量。

情感让人饱尝爱和痛苦，但若没有了它，就没有了幻想。

之所以说这些，是因为我即将谈到的这家店铺的水象特质。闭上眼，想象一下水，你就会理解我对它的喜爱和依赖。我想与你分享这样一个故事，一间小小的自主品牌家居店如何带给我对生活的美好幻想。

疲惫生活的英雄梦想，让心柔软下来的设计师情怀

我毕业之后到北京工作，房子租在朝阳区北四环非常老旧的一个小区。刚工作那会儿赚得特别少，加上房间小，也就基本没置办什么东西，直接拎包入住了。

那个时候工作很忙，忙到除了睡觉几乎很少有私人空间，当然，觉也睡得很少。家里自然也就无暇打理，只有在来客人之前，才会不得已收拾一下。久而久之，来过家里的朋友都觉得我过得萧条，纷纷劝我离开北京。

可以说，遇见"Castle Garden"（古堡花园）的时候，我的人生正处在低谷，并且向上回升的速度几乎为零。

那个时候还是初春，断了暖气的屋子非常冷，我是凌晨1点在"豆瓣东西"上发现它的，可以说是一见倾心——页面格调清新，图片富有质感，最重要的是，价格也显得格外亲民。

网站的架构和格局十分清晰，深灰色的中文繁体字搭配着恰到好处的英文注释，每个细节都透露着设计师的认真和坚持。

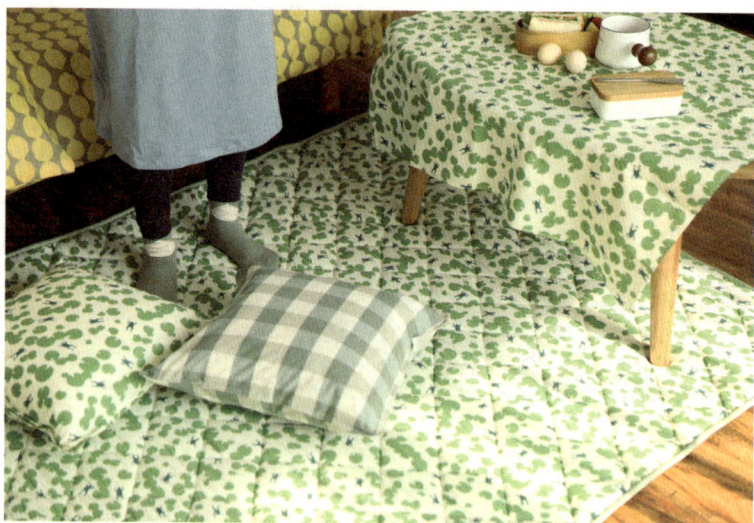

　　床上用品的颜色主要以俏皮活泼的柠檬黄、青草绿、天空蓝、橡皮粉等为主，让人眼前一亮，心情愉悦。设计加入了许多卡通元素，店里的鲸鱼系列和大象系列都是我的心头好，还有什么比童话主题的床单和棉被更合适做美梦制造机呢？

　　保持童心对于设计师来说想必是十分重要的。

　　桌巾、地毯、门帘等主要以日式和风为主，采用深沉饱满的底色，搭配简单整齐的碎花式图案，给人以宁静、雅致的感觉，掺杂着几分严谨、认真的日式生活精神在里面。

　　其中门帘是一件特别神奇的小物，就是那种"小改变，大不同"的神奇单品，但要不是有店家还有认真晒图的客人们这样直接地将效果展示在你眼前，你是很难想到它的存在是可以给房间增色不少的。

　　不得不提的是，设计师非常用心地将地毯分为机洗、手洗和干洗三类，供喜欢不同生活方式的客人选择，并同时提醒大家要恰当地处理和爱惜家居用品。这当中流露出的关切与细致，足以让一颗心瞬间柔软下来。

　　店里的家居服饰则主要是以面料舒适为理念，却又不失独特的剪裁和精美的图案设计，是那种会让人觉得只在家里穿很可惜，忍不住

要穿出门去晒个品位才罢休的款式。另外还有专门为儿童设计的系列浴袍、膝毯和手帕等，非常亲肤可爱。

店内的购物导视和易换集市极大地方便了客人，并非常贴心地弥补了网购的不足。

经济萧条时期的精神口红，生活需要一点点想象力

经济大萧条时期的女人们纷纷购置口红，对我来说，我的那支精神口红，就是在Castle Garden置办的第一张小桌布。

店主赋予它的名称是"和风开运系风吕敷·方桌布·包袱皮·收

纳方巾"。我一向对日本有特别的情愫，对"包袱皮""风吕敷"这样有地域特色的命名异常喜欢。为了迎接它的到来，我彻底收拾了一次屋子。

铺上美丽的开运小桌布后，桌上的水杯立刻跟着变得雅致起来。几本封皮皱巴巴的书堆在角落里，是不久前因为桌子太乱打翻水杯淋湿的，有点碍眼。于是我用杂志内页给它们包了书皮，换了新衣服的它们也开心地坐在了小桌布上。

后来，越来越多Castle Garden的小伙伴来到家里。

在这里要特别表扬一下"鲸鱼底棉麻小围裙"，托它的福，我身体里的地沟油含量直线下降，厨房里瓶瓶罐罐的调味品也越来越多。

　　就这样，家里的所有东西跟我一起迎接Castle Garden的每一次到来。然后，我们又一起迎接彼此的每一次新生。

CASTLE GARDEN，A ROOM WITH VIEW

　　故事的后来，Castle Garden有了自己的LOGO，非常的俏皮鲜活。

　　因为之前了解过目前国内产品设计的发展情况，所以对自主品牌的创立者有着一份特殊的仰慕和支持。我觉得他们是怀抱着虔诚和热情去做这件事的，当然，更重要的，是勇气和决心支撑着他们日复一日地坚持下去。

　　就像是Castle Garden品牌故事中说的：我们需要的不仅仅是商品，而是一种热忱的生活方式。

　　让房间不再只是房间，而是风景；让生存不再只是生存，而是生活。

　　怀着这种理念和情怀，从整理好自己的房间开始，整理好自己的生活，乃至自己本身。

　　我想，这就是Castle Garden带给我的，关于如何怀着热情，真诚而丰盛地爱自己、爱生活的启示吧。

　　最后附上我最美好的祝愿——对Castle Garden，对我自己，对中国年轻一代的许许多多仍在坚持自主品牌的设计师。

万物皆有灵性

文/连三月

连三月

作家，小说作品《宁负流年不负卿》。农历三月生于广陵，爱甜食爱旅行爱熊猫，写过一些让人笑让人哭的故事。向往最专一的男女之情，所以笔下都是至死不渝的角色。

口齿生香念惊华

一直觉得，戴着一串石头在身旁，看这世间命运的变幻无常，真正是个有趣的过程。

这是一家卖石头的店。中国的小姑娘们似乎从小就喜欢各种石头，我自然也不例外。

　　"惊华"二字简单明了，读起来却是唇齿留香，富有浓浓的中国味道。

　　店主叫脸哥，却是个货真价实的妹子。店铺的装修落落大方，没有过多华丽的修饰，也没有让人眼花缭乱的广告植入，十分合我心意。对于我这个怕麻烦的人，在这里能得到那么些个清净，倒是意外得很。

心境剔透绿幽灵

　　店铺的美妙之处在于店主能够准确地呈现石头背后的文化。

　　"护"、"珍"、"静"、"凝"、"寒"、"朴"六个系列，每个系列都像是一出舞台剧，而石头才是这个舞台上的主角。

　　"护"系列分为：护情、护灵、护世、护愿……最讨我喜的是店主描述"绿幽灵"这款水晶的那段话：

　　淡青的剔透蕴藏无限能量，

　　上天恩赐的能量只给能利用好的人。

　　财富不是丑陋，财富不是物质，财富是活好自己，能帮助别人的愿景。

　　接引上天的力量，发挥自己的能量，

　　去达成心愿，去保护家人，去帮助他人。

　　唯有心境剔透，方正能量之本。

　　绿幽灵里面含有绿泥石矿物质。在通透的白水晶内部，呈现出形如聚宝盆、水草、漩涡、金字塔、满天星等的天然图纹，因此又被称为"异象水晶"。

　　一般呈绿色的水晶都象征着财富。绿幽灵的绿色能够给人带来正财运。绿幽灵能让你在事业上如鱼得水、事业一路飙升，在与同事相处的时候也能够融洽且和谐，能增加你与他人的交流，增加别人对你

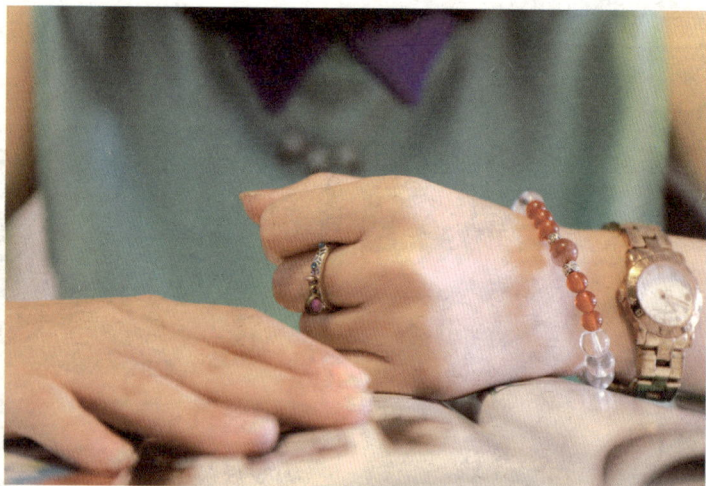

的信任，提高上司对你的关注度，从而带来升职的机会。

其实石头能给人护佑也好，能听人祈愿也罢，不过是我们的一厢情愿。喜欢它们，但不要神化它们。若是将其当做实现某种所求的途径，怕也是错爱了这些石头一场。它们的灵性在于使用的人的心境。所以店主说的"唯有心境剔透，方正能量之本"这句话深深打动了我。

人对于身边的物件，总有自己情绪的映射，爱它们的同时，却又怕被自己意念所扰，因此，只有端正自己的心态，行走世间才不会迷茫。

万物皆有灵性

有时候总觉得时光还停留在自己十七八岁的阶段，仿佛一觉醒来还在枯燥的数学课堂上。日子久了，从喧闹到安静，自己一人还应付得来，能安静地看看自己、看看身边的人和世界，总是幸运的。

认识我先生之前，我周末常常捧着一个笔记本，跑到绍兴路上的汉源书店写点东西，日子过得波澜不惊，算不上岁月静好，却也惬意，咖啡杯边上总会放上我最爱的那串白水晶，不求桃花，不求财运，只求一个安静。

认识我先生后，少女心一下子被激发了出来，期待周末、期待约会、期待见到彼此。手腕上的那串白水晶，安静得不具有任何侵略性，是我喜欢的，就像我先生所散发出来的气场一样，温和的、低调的，润物无声怕是如此了。

去年冬天，外头天阴沉沉的，屋内开着空调，手边茶几上两杯清茶，中间搁着我那串白水晶的手链，它陪伴我已有些年头了。我坐在梳妆台边上磨磨蹭蹭地化着妆，一边嘀咕着几句不着边的家常话，先生坐在不远处的飘窗上随手翻着书，我从镜子里头见着他的身影，突然觉得岁月静好也许就是这般了。若那串白水晶的手链，能幻化出一个形象，见到此情此景，怕也是欣慰的。

第二章
良品，本质的真实

Small and
beautiful

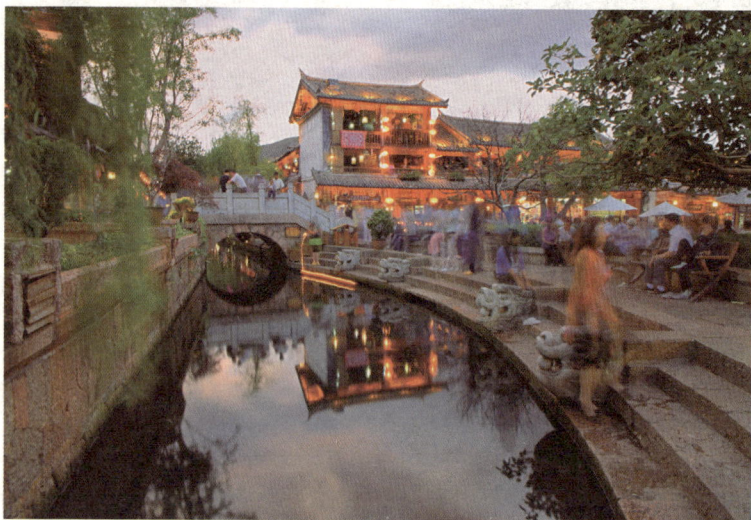

如何一直美下去

文/秦舒雅

● 秦舒雅

　　太阳狮子上升射手，又自恋又爱胡闹；

　　学法律、做规则，写字儿、画画、玩音乐，左脑负责逻辑，右脑负责撒娇；

　　三十岁放弃专业，投身理想，从业余写手变成专职出版人；

　　青春期过长的不靠谱女青年。

　　今年的酷暑来得好像有些晚，却如同往年一样来势汹汹。就在7月中旬气温持续超过35℃的这几天，长物居发布了一款为七夕节定制的青花瓷茶杯。杯子名为"缘定"，状如马蹄，造型利落，器质规整，釉色青灰，光芒内敛，杯壁上围绘着青竹和梅花的图样，寓意"青梅竹马、缘定今生"。

杯子上架不久，爱喝茶的朋友们纷纷下单，朋友圈里也开始了各路转发：

"这是竹林溪径、空山新雨的小雅之器。"

"炎炎夏日需养心，最好就是捧一杯这样的茶。"

"不为爱情，只为那股扑面而来的清凉。"

……

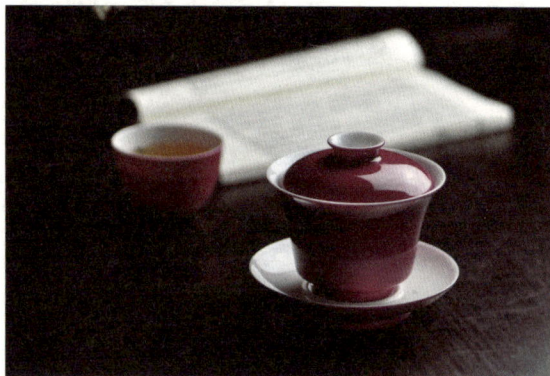

　　几天后，这款杯子销出三四十件，预备好的数量就只有这些，售完下架。之后仍陆续有客人询问还有没有补货，长物居一律答复：工匠师傅按定制的样式制器做款，到七夕之前只能做得这些，下次欲购请早。

传承之美

　　《易经》里说"形而上者谓之道，形而下者谓之器"。不过，让我们乐在其中，乃至找到人生方向的，往往就是这些看似"不正经"的喜好。喝茶就是这样一种闲散的喜好。因为喝茶而爱上喝茶用的器具，更是"形而下"的了。爱喝茶、爱上喝茶用的瓷器，还因此辞去公职，做起杯杯盏盏的生意，那简直是有些疯狂的举动了。但长物居就是这样缘起的。

　　长物居的掌柜姓涂，并不是景德镇本地人，以前是江西南昌海关的公务员。因为喜欢喝茶，而开始重视喝茶用的茶具，又通过挑选茶具慢慢认识了瓷器，并被景德镇瓷器高超、精湛的传统工艺深深吸引，最终选择辞去公职转投瓷器行业。

　　在淘宝开店已有三四年，长物居的生意做得不大，销售额没有

出现过突破性的增长，一直保持着一种按部就班、慢慢悠悠的增长态势。但也是通过这几年的经营，长物居形成了自己的风格。无论何时来到店铺里，就好像看见一片宁静的池塘，用传统手工制瓷技艺制作器具，用特写镜头表现器具的每个细节，用静态的图片传递瓷器所渲染出的氛围，用手写楷体讲述瓷器的故事和经营的宗旨。这一切让长物居看起来淡淡的、静静的，却毫不费力地就能让人记住和喜欢。

台湾著名导演侯孝贤曾为台湾"故宫博物院"拍摄一个纪录片，叫《盛世里的工匠技艺》，在片中他不止一次地引用了法国人类学家列维·斯特劳斯的名言："技艺，是人类在宇宙中为自己找到的位置。"工业化发展使我们逐渐变得富裕，但也让我们逐渐失去了手工制作的传统。传统的手工艺，伴着岁月而来，精湛而又安静。通过用传统工艺制成的小小器具，我们可以感受超凡技艺的魅力，可以将昔日今朝建立联系，乃至找回内心的细腻和恬静。

"我们站在古典文化与现代观念交织的年代里，深入理解传统制瓷的内涵，尽己所能地传承下去，将自身最美好的创造展现于世人面前。这不仅仅是前进性的借鉴和展望，亦非单纯的模拟，更是虔诚地向古人致敬，去学习先辈们崇尚的自然主义情怀。"

　　这是写在长物居店铺页面上的一段话。然而，手工制瓷成本很高，消费市场对于瓷器的认识和审美能力也还没有得到有效的激发和培养。虽然明知困难重重，但长物居已经下定决心，选择传承，选择把技艺之心带回到寻常生活里。

就地出发

　　我们都知道 "china" 的意思包含 "瓷器"，其实它的意思还包含 "昌南"，而 "昌南" 正是景德镇的旧称。景德镇曾是 "瓷都"，曾对整个中华文明甚至世界文明产生过重要的影响。但如今景德镇的陶瓷业已风光不再。涂先生2010年来到景德镇，他发现这里的传统手工技艺保存得十分完整，但可能在两个方向上走入了歧途：

　　一个是用传统技艺来做假做旧。很多人都是从古董开始了解瓷器的，购买收藏瓷器也是为保值增值，并不重视瓷器本身的艺术品位和艺术价值。于是拥有精湛技艺的工匠便投身于仿造行业，做出的器物足可乱真。可这么做不但没有带动良性的消费，反而搅乱了古董收藏市场。

另一个是偷工减料、粗制滥造，做出很多质量差又缺乏美感的东西。这些被打上"景德镇瓷器"标签的东西流入市场，让地方品牌长期受到误解和破坏。

实际上，景德镇至今依然是全世界手工制瓷的中心，传统制瓷工艺在这里被很好地传承了下来。但这种传承没有直接进入消费品市场，也没有找到良性的发展路径。出于对陶瓷艺术的钟爱，对手工技艺现状的痛惜，涂先生和他的团队决定尽自己的力量，调整瓷器行业的发展方向，通过整合传统制瓷工艺和现代设计，把陶瓷艺术传播出去。于是，长物居确定了自己的经营方向：只用传统工艺，只做手工制瓷，要将传统制瓷的内在涵养和外在雅趣，以最恰当的方式传递给现代消费群体。

必须坚持用传统工艺

坚持古法制作意味着产量受限，成本增加，在市场中失去价格竞争的空间。而这一点在淘宝以及整个网络经营中，都是劣势。长物居之所以做这样的选择，并不是要以"纯手工"为卖点，而是出于两个原因：第一，用古法技艺手工制成的瓷器，在质量上和艺术性上，都优于用工业化的方式制成的陶瓷制品。虽然工业瓷可以用标准计量来保证胎质釉质结实耐用，绘图花纹不掉色，但标准化生产使陶瓷器具成了工业产品，质地统一，图案相似。而用传统手工艺制成的陶瓷器具形态多样、造型丰富且富有变化，釉质釉色配合器形，更加灵动并具有光泽，山水人物绘画、雕刻或者浮雕，都可用作器身的装饰。手工制瓷制成的生活用器，件件都是上乘的艺术品。第二，把传统手工艺结合进现代化的实用商品当中，让传统工艺有机会真正地面对市场，面向消费者。通过这个过程，传统陶瓷艺术才可以在现代器用这个方向上形成自我延伸，得到更多的发挥，有更广阔的发展。

传统手工制瓷的劳作是朴素的，瓷器有了这些朴素的劳作，雅致之外就会增添几分空灵的禅意，让被日常琐事、功名前程磨损得日渐粗糙、麻木的心，重新感受到纯然和恬静。如果说，高洁是瓷器的灵魂，那么高洁却不绝尘，才是瓷器真正的品质，是所有制瓷人内在的尊严。

在选择上架商品和设计器具方面，长物居考虑得更多的是，如何让普通消费者了解瓷器，更好地体会瓷器给生活带来的美感。

由于很多人了解瓷器都是从古董开始的，因此长物居也做仿古瓷。

比如成化斗彩鸡缸杯。2014年4月8日，成化鸡缸杯在香港苏富比重要中国瓷器及工艺品春拍现场以2.8124亿港元成交。成化鸡缸杯是明代成化时期景德镇御窑厂烧制的宫廷用器，是明神宗专门为万贵妃烧制的用酒器具。长物居也上架了一件仿制的"鸡缸杯"，做得器形隽秀、胎体轻盈、画风写意、设色清心，工艺水平和真品非常接近。这款杯子在长物居售价400元以上。当然，在商品的详情页里，鸡缸杯的前世今生，以及长物居这款杯子的制造工艺，交代得清清楚楚、明明白白。

长物居做仿古瓷，并不是要以假乱真，也不是要卖弄技艺。古董之所以昂贵，除了稀有之外，还因为器物本身具有非常高的艺术价值。以鸡缸杯为例，所用的泥料经过多次淘洗和陈腐，因而胎质格外细腻并且坚实；使用的釉料极为上等，因而釉水滋润，手感如同抚玉。但真品只有一件，只能被极个别的人所了解和触摸，而通过仿制认真地把真品的工艺和美感还原出来，以更加亲民的价格面向普通消费者，或许能让更多的人了解瓷器，逐渐体会到瓷器的优雅，也让更多的人有机会触碰到与古瓷器相同或者相近的质感，与历史对话。长物居正在用这种方式，试着打破消费市场和拍卖市场的界限，既让传统技艺获得进入消费市场的通道，又让消费者得到传统瓷艺带来的审美体验。

传统制瓷技艺除了可以应用于仿制古董名瓷之外，还可以制作能被用到寻常生活中的实用器具。茶具、酒杯、花瓶、文具，这些是古人常常用到的瓷质器具，也是现代人所追求的安宁、惬意的生活状态时与瓷器的相遇。如果在这个方向上再发挥一些想象力，瓷器就会变化出很多种形态，跟我们的生活走得更近。比如，给旗袍或者麻料的衣服配上古色古香的青瓷纽扣，又或者用青白瓷做一个看起来半透明的充电宝……

要把传统技艺和现代人的生活完美地结合起来，并不是一件容易的事情。涂先生打算从自己最喜爱最熟悉的喝茶这件事开始。他请来十几位陶瓷艺术家，请他们每个人设计一款或者几款茶具，试图从这里切入，逐步找到整合传统技艺和现代设计的路径。

除此之外，在经营网上店铺方面，涂先生和他的长物居团队也颇有心得。

长物居从来不刻意追求销量。淘宝页面上可以看到，长物居销量最高的一件商品售出不到50件。一方面，手工制瓷确实限制了产能，为了保证每一件商品都具有最上乘的质量，长物居有意将成器数量控

制在一定范围内；另一方面，消费者或可借由这种"限量"来感知，在工业化社会中手工技艺的相对稀缺性以及瓷器本身所具备的相对静止的特质。

长物居的商品定价偏高，打折、促销活动力度小，也不频繁。定价高主要是高成本造成的。长物居的成器成本主要由三部分构成：一部分是手工制瓷的成本；一部分是上等的泥料釉料和青花料；最后一部分则是优秀设计师的设计。这三部分，哪一个都不能少不能减，长物居瓷器的高成本因此一直都降不下来。涂先生似乎从来没想过要参与价格战。在他看来，价格战，尤其以降低

必要成本为前提的价格战，会消
耗掉好不容易积累起来的消费者
认同，最终会失去用户，所以极
有可能自伤。因为成本高、价格
高，店铺营业额受限，但涂先生
认为这未必是坏事：价格并非虚
高，把合理的价格真实地展现在
消费者面前，反而有利于消费者
从中获取对瓷器的理性认识，有
利于整个消费市场朝正向循环的
方向发展。

　　长物居并不介意店铺小众，
反而将这种小众视为进一步开拓
瓷器市场的契机。虽然淘宝店铺
销量不大，销售额一直没有出现
规模性的增长，但长物居的客户
黏性高、购买力强。长物居不仅

为这些客户提供了一个可以买到好瓷器的地方，还为他们提供了一个可以交流瓷器审美、收藏心得，甚至交换藏品的同好圈子。涂先生认为开这家店铺如同开了一扇小小的窗，这扇小窗，能让他了解瓷器获得人们喜爱的原因，了解瓷器在普通人生活中所能起到的作用，也能让他更加了解这些喜爱瓷器的朋友，让他能通过与这个群体的沟通看到陶瓷工艺前进的方向。同时，这扇小窗也让更多消费者看见了陶瓷艺术的世界，让更多的人了解和欣赏瓷器。

接下来，涂先生打算向陶瓷艺术的方向迈进一大步，他和他的团队正在做两件事。

第一件事，涂先生和他的团队正在筹备新的天猫店，这家天猫店会经营属于长物居自己的品牌，这个品牌的定位就是用传统制瓷工艺做现代人生活用瓷。用在千年时光中积淀下来的工艺，通过具有现代感的设计，制作出符合现代人生活要求的实用器具。这是长物居几年来一直在尝试的方向，而涂先生觉得现在已经是时候通过一个品牌把这一理念具象出来。一方面，长物居的瓷器商品以及它所秉持的对陶瓷艺术的态度，在很多消费者心目中已经形成一个鲜明的印象，这个时候做品牌，是顺其自然水到渠成的事；另一方面，经过前几年的积

茶

铜具尚用、美瓷精工，予人一份超脱世外的安宁。

累，网店、实体店铺以及制瓷作坊，从生产到经营，流程、路线以及方式方法，都已经基本理顺，这时候打造自己的品牌，有助于长物居团队的经营思路保持一贯性，同时使整个团队在理解和执行经营思路时尽可能地保持一致。

另一件事，便是涂先生会经常组织一些线下的陶瓷艺术展览，这些展览有的探讨传统陶瓷艺术在现代艺术领域里的可能性，有的则表现传统陶瓷艺术给现代生活带来的独特美感。2014年开春，位于北京的今日美术馆举办了一场名为"就地出发"的陶瓷艺术展，长物居的掌柜涂先生正是这场展览的举办人。三十几位艺术家参与了展览，他们在自己的作品中，通过各种表现手段，呈献给观众一系列不同以往的视觉体验。他们所要尝试和表达的，是传统陶瓷艺术可以展现出完全不同于时下人们所认知的样式。

其实"就地出发"的意思是，对于传统之美，与其坐而论之或者一味观望，不如尽己所能，做些什么。传统技艺可能曾经因为没有找到合适的发展路径而显得有一些僵化，但它并未枯竭，只要人们愿意学习它内在深邃的自然之法，融合当下的理解和认知，无论是在商业领域，还是在艺术层面，它都可能被重新定义和激发。

"奢侈"的态度

长物居的经营过程、方式以及理念，看起来和当下很多网店是不同的。比如很多人在启动商业项目之前会先找好"有显而易见或者潜在市场价值"的方向或者类型，而长物居的缘起是对传统手工制瓷技艺的认同和喜爱。也就是说，很多人都是先找市场再生产，而长物居先有的是生产，而且选择的并不是什么非常经济的生产模式。另外，无论是生产还是销售，大部分商家都看重走量，看重规模，而长物居不但接受小规模生产、小规模销售的现实，还乐于聚焦在某一个特定群体身上，为他们提供精美的高价值的陶瓷器具，同时为他们提供有关陶瓷艺术的鉴赏、交流服务。

这些不同，并没有妨碍长物居把生意做起来，反而让长物居很快形成了自己的特色，让长物居和它的忠实客户之间的关系牢固，也让长物居向陶瓷艺术领域发展成为可能。

涂先生曾拿20世纪70年代瑞士表业遇到的问题和如今景德镇的瓷器行业做类比，他认为景德镇的瓷器和瑞士人的手表一样，曾经辉煌又遭遇低谷，只要适当地做出改变，并且得到合理的运作，景德镇的瓷器也能和瑞士手表一样，为自己的发展打开局面，并且最终成为傲视全球的奢侈品。

环顾全世界时下的奢侈品，有这么一些共同特点：对原材料有着非常严格的要求——要求特别天然、纯正；都非常重视手工艺，商品的某一个部分或者全部由手工完成制作；对细节的把握近乎执着；在外观设计方面总走在时尚潮流的最尖端。

目前看来，还是"小而美"的长物居和奢侈品之间是没有明显联系的，但事实可能正好相反。

用传统制瓷工艺制成的瓷器，已经具备了奢侈品的前三种特质：所用的泥料、釉料、画料，不但原料天然，而且均选料上乘；手工制瓷技艺，不但独特、细腻，而且极具个人风格，又饱含艺术创造力。如果长物居真的能在结合当下的生活理念方面，通过具有现代感的设计让瓷器表现得更加时尚和感性，那么此处将诞生最具中华文化特色的奢侈品。

当然，并不是成为奢侈品才能一直美下去。相信只要保有初心，坚持做自己，美就会一直相伴。

做木质家具的"探寻者"

文/孙硕硕

● 孙硕硕

从杂志到数字出版。

从北海北到南山南。

一心想逃离地球的，

半吊子"圈内人"。

"木，具温润，匀质地，声舒畅，并刚柔，自约束。古人这样形容木的性格，也用木的特性来比喻君子的行为。当我们的祖先一辈接一辈走出自然，构建了钢筋混凝土的樊笼，木却开始以另一种形态来到人们居住的城市中，变成了与人的生活息息相关的家具，开始了一段新的旅程。"

　　我惊讶于赵雷竟然用主动的句式来定义木质家具，似乎它们生而带着使命、灵魂和意识。设计优异的木质家具对赵雷来说有着不一样的驱动力。

　　在创办"木智工坊"的这几年，赵雷并没有把自己定位成一个纯粹的家具设计师，或者一个创业者，他更像一个"探寻者"。如赵雷所说："木有智慧，如影随形。"这其中探寻的主题包括：设计、环保和体验。

设计篇
将建筑理念移植，从行业标杆到设计瓶颈

　　从建筑行业到家具设计，赵雷没有给自己任何缓冲余地。设计是赵雷跨入木质家具行业的第一步，也是最困难的一步。与科班出身的家具设计师们相比，他并没有优势。传统中国设计师一般会先从具象的外形设计下手，而赵雷却是将建筑设计的抽象理念完完全全地移植到了他最初的设计中。他的第一款设计在这个曲折的过程里诞生了——S02衣帽架，他最经典的一款设计。

　　在设计最初，赵雷只是想要一个简单的三足鼎立。于是他加上了建筑学的几何构建，把最复杂的部分都隐藏起来，展现在外面的则是最简洁而轻松的。而这样的简单在实际生产过程中却遇到了非常大的困难，例如每根杆子上都要钻三个孔，并且都要与另两根上的孔对应得分毫不差。直到现在，这款经典衣帽架还在被许多新兴的独立设计师模仿，而赵雷对此毫不介意，他认为被模仿是一个独立设计师最大的价值体现。

　　建筑思维给木智工坊带来了不错的开端，却也很快让赵雷遭遇了瓶颈。毕竟是两个不同的行业，不可能所有的理念都通用，例如椅子和沙发的扶手，更加注重的是人体肌肉的舒适感，这就需要设计师多

方面的知识储备。在这一点上，北欧设计师给了赵雷很多启发：他们更重视人体的曲线，一切设计都是"以人为本"的。"以人为本"之后也成了赵雷设计理念中的关键词。

世界上最经典的椅子汉斯瓦格纳椅，不仅拥有优美的线条，还有透气舒适的藤面和符合人体需求的舒适扶手及椅背。一件舒适的家具，设计可能要经过几百年的不断改进，它身上也许有几百个你日用而不知的优秀设计理论点。这也是为什么木智工坊的每一件产品，都在不断地改进中。有一些产品有很高的销量，却会因为不符合最基本的舒适要求，被赵雷淘汰。

甩掉无印良品的影子

设计风格上，木智工坊前期的产品很容易就能看出来多少带着无印良品的影子。是的，在初期，赵雷将无印良品当成"好设计"的标杆。日本极简的设计理念，与他的初心不谋而合。然而他渐渐更想要表达自己的态度。于是在理智地分析过极简风格之后，赵雷得出了这样的结论：日本的设计对审美似乎过于克制了，缺乏人情味。这种人情味存在于很多方面，比如设计师或者木工对于木头本身美感的展现欲望，比如对木质复杂性和手工性的展现。

对无印良品来说，它已经在全球拥有很大的影响力，有丰富的品类做支撑，也拥有庞大的受众群基础。然而对于目前还仅仅专注于家具这一个品类的小工作室来说，固执地"极简"下去很容易把自己的路做绝。于是现在，木智工坊在设计风格上，走上了"去无印良品化"之路，摒弃了原先清教徒式的极简，开始探寻木质本身的丰富性，凡是能够体现木质本身丰富性的设计都愿意去尝试。

赵雷最喜欢的艺术家是王澍——中国美术学院象山校区的设计者。王澍让赵雷知道如何学习传统：传承下去的并非古老的一砖一

瓦，而是"智慧"，并使之延续。

木智工坊的设计风格走过了最初的这几个阶段后，赵雷开始思考设计与人的情感联结，于是有了备受瞩目的木质小竹椅。它的外形模仿了我们幼时乡间常见的小小竹椅，而材质的改变规避了竹子本身容易摇晃以及发出声响的弊端。它像一台时光机，像一段来自过去的录音，像一张老照片，让每一个第一眼看到它的人都回忆起快乐的童年时光。"情结"，开始变成赵雷又一个新的设计主题。

环保篇
追踪木质家具的"碳足迹"

木头可以说是自然界中能够找到的最具智慧的材料，是唯一能够在生命周期中维持碳平衡的材料。木头由树而来，树在阳光雨露滋润中成长，吸收空气中的碳元素。木头经过设计加工变成了家具，而它的细胞仍旧是活的，还在呼吸，它像有生命的活物，可以与我们一同生活，留下岁月的痕迹，承载时光的记忆。

何为环保的家具？大部分中国人依旧把木料和涂料的无污染无毒害，放在购买考量的第一位。在赵雷刚进入这个行业时，他去了大大小小的家具市场考察，发现了这样的论调："这个家具的木料因为环保，就快要绝种了，要买就赶紧下手。"可能对我们大部分人而言，这句话并没有问题，而在赵雷看来却存在着极大的问题。一直备受中国人推崇的红木，其实早就被国际环保组织列入了"灾难性"的木材名单中。常见的红木生长周期十分漫长，一旦砍伐便几乎不可恢复。联合国早已颁布相关条文保护包括红木在内的热带雨林植物，禁止乱砍滥伐。在英国，法律规定禁止使用红木做家具。

被称为"天堂雨林"的印尼热带雨林，正在遭受着非法砍伐的劫掠。这里原本是全球生物多样性和文化多样性最为丰富的地区之一，拥有地球上5%的生物物种，生活在此的原住民共使用着1000多种不同的语言，占人类所有语言的1/6。然而，现在那里每天都有大约51平方千米的森林被毁坏，这相当于每小时毁坏300个足球场大小的森林。意识到非法砍伐木材的恶劣性质，赵雷为自己的工作室制定了全然不同的环保准则，他的理念甚至成了独立家具设计领域的标杆，为中国许多设计师所推崇。"碳足迹"便是赵雷做环保家具的理论依据。

要描绘木家具的碳足迹必须从木材的源头说起。木材来自于森林，它是一种生物，经阳光雨露滋润成长，树木吸收大气中的二氧化碳，并释放出氧气，这个过程就是光合作用。如果没有人为干预，树木持续生长直到年老衰败，最后会死亡腐烂，而腐烂过程是释放二氧化碳的，反而对环境不利。因此在树木衰老之前，有计划地对森林进行砍伐，并种植幼苗实行更新换代，能保持森林健康持续发展。而使用这些被砍伐的木材制作的家具和其他木制品，从某种意义上说，是森林成功固碳的象征。

当然，并非所有木材砍伐都是对环境友好的，只有来自可持续森林中的木材才能起到固碳的作用。遭受非法采伐的森林就如同一次性能源，对环境的影响是非常恶劣的，不仅会引发森林大面积退化、动植物灭绝、原住民生活遭到破坏的不良后果，还会增加温室气体排放，加速全球气候变暖。作为产地的森林状况决定了木材的环保与否，那么我们如何判断木材是否来自可持续的森林呢？国际环保组织"绿色和平"在进行了大量的研究工作后认为经FSC（即"森林管理委员会"）认证的木材是推荐购买的，符合"合法的"及"可持续的"标准。截至2008年，世界上已有80多个国家1亿多公顷的森林通过了FSC认证。

　　想要在中国购买到这些环保木材也很容易，它们大多都有很好的经销商渠道。在中国，也有许多推崇可持续木材的协会，会发放来自各个国家的木材资料，上面有详细的标准、木材情况、购买途径等。对于中国的设计师和家具品牌来说，只有愿不愿意选择的问题。因此，购买带有FSC认证的木材和木家具，是赵雷支持环保事业的实际行动。

用木蜡油保持木质独特的生命感

　　每块木头都有独特的纹理、天然印记和颜色的变化，木质的家具也因此更富天然美感。因为世上没有两棵完全相同的树，所以每件家具都有它独一无二的特征。为了保证木质最本真的手感，赵雷一直坚持使用目前最环保的材料——木蜡油。

　　木蜡油的主要成分是亚麻籽油、蓟油、向日葵油、巴西棕榈蜡等。其中油的成分能够渗透到木材内部，对木材进行滋润保养，体现出木材的天然质感与纹理。而其中的蜡成分与木材纤维牢固结合，阻止液态水渗入木材，并增加了木材表面的硬度与光滑度。木蜡油从原料上杜绝了苯类、甲醛等有毒有害的挥发物，其环保性因此超过了水性漆，而且无论从制造还是从使用的角度来看，木蜡油消耗的环境资源更少，对生态和健康更有好处。

不再通过全封闭的漆膜来保护木制品，是木蜡油在涂料业掀起的一次革新。经木蜡油处理的木材不仅拥有独一无二的天然纹理，而且可以提供一种肌肤般的触感，而通常的油漆会在木材表面形成一层塑料般的漆膜，使得不论何种木材，摸起来都是冷冰冰的高分子材料。木蜡油处理的木制品与人更为亲近，施工操作都很简单，只需用刷子或干净的棉布擦拭1~2遍，晾干后用百洁布稍加打磨抛光就完成了。这对任何人来说都没有技术难度，非常适合DIY（自己动手做），而且会让家具的维护和保养成为一件快乐的事。

特别需要注意的是，木蜡油是无法遮丑的，甚至还会加大木材本身的色差。这一点可能是大部分家具品牌不愿使用木蜡油的主要原因。但是在赵雷看来，这个缺点同时也是它的优点。木头是天然材料，呈现在人们眼前的当然不只是完美的纹理，还会有树节、树瘤甚至虫蛀的痕迹，如果我们怀着敬畏的心来看待，善加利用，不仅能够美化生活，还会帮助我们映照出生命形态的路径。

体验篇

"平板包装"，我们比宜家做得更好

在2010年之前，家具的购买一般有两种途径：大卖场和手工木匠。大卖场中一般都是大的品牌，而手工木匠在乡镇农村中居多。随着电子商务的发展，原创品牌店开始兴起。因为自身有了销售渠道和推广渠道，就省掉了经销商的环节，让独立设计工作室的存活成为可能。同时也有了许多的木工俱乐部以及木工培训机构的兴起。随着年轻人同步接受来自全世界的讯息与审美熏陶，独立设计师的理念也受到越来越多人的认同。在木智工坊的创业过程中，赵雷最自豪的是自己的"平板包装"——同时具备了材料环保、操作简单、节约运输成本的优点。

早在1859年，奥地利人索耐特（Michael Thonet）就设计了第一把可以组装并且得到量产的椅子——Thonet 214。这把椅子利用蒸气曲木技术制作，所有零部件都可以拆装，方便运输及工业化生产，因此一亮相即博得广泛赞誉，迅速流传开来，甚至出口到清末的中国。Thonet 214至今已经生产超过5000万把，被称为"The Chair of

All Chairs"（万椅之椅），1立方米的空间内可以装进36把Thonet 214曲木椅。它的成功不仅代表技术、生产方式的进步，更是现代设计理念的进步。

北欧家具的人性化设计和精湛的手工技艺早已广为人知，不仅如此，那时候的北欧设计师大多奉行"平板包装"的观念。他们希望其所设计制造出来的家具可以完全拆解后以最精简的尺寸包装起来以方便运输，严格地说是能够以邮件包裹的形式寄送，而不用依靠大型运输工具。宜家家居是公认的执着于平板包装的企业，他们的名言是

"我们不想花钱运空气"。平板包装意味着增大了装货量，减少了运输次数，降低了二氧化碳排放量。

赵雷学习了宜家平板包装的理念，却不认为它的组装方法是最优秀的。为了节约成本，宜家的家具虽然包装方便，却也有易松懈的弊端。赵雷甚至觉得宜家如果借鉴木智工坊的组装方法，会让它的品质有更进一步的提升。因为从设计初期开始，赵雷就将拆卸、包装、组装作为非常重要的考量因素。于是，在木智工坊的仓库里，你看到的全部都是用可再生的牛皮纸包装的家具，没有一块浪费的空间，并且在包装材质上也做了边角的加固，从而摒弃了耗费人力和空间的木板加固方式。

木智工坊的家具，至今都维持着这样的纪录：目前还没有一个人无法组装起他们的家具。因为它不需要组装的人有很大的力气或者很高的技巧，木智工坊会提供给你非常简单易懂的安装说明书和一把内六角扳手。随着电子商务的发展，现在也开始出现专门的安装公司，今后木智工坊还会考虑为顾客提供更加省心省力的安装服务。

不做售卖者，做"传播者"

虽然目前的销售途径仍旧依靠网络，但木智工坊坐落在杭州小和山的展厅也为顾客提供实地体验。这个开阔的空间被隔成了几个部分：家具展示区、工作室办公区、库房。其中办公区跟展区是完全融合的，你可以看到木智工坊所有员工的工作状态。他们大多有着朝气蓬勃的脸与平和礼貌的笑容。去年这时候这里只有4个员工，现在已经有12个了。他们分别负责设计、销售、工厂生产等职责。

在2011年的一次采访中，赵雷曾经说，理想的工作室应该像家一样，自由自在，轻松，温馨。而现在，他做到了。这里不太像一个设计公司，从来不需要加班。也因为自主做产品，所以没有被奉为上帝的"甲方"，没有按照时间来计算的绩效考核制度，他们的设计师甚至可以自己安排工作时间和假期。

他们与赵雷一样，不觉得自己是实体物品的售卖者，而是将自己定位成木文化的传播者。在木智工坊的各种宣传材料上，从来不会用大量的篇幅夸赞某一件产品，反而是以上提到的那些环保意识、先进的设计理念成了主角。让更多的人知道关于木质家具的知识和智慧，是他们日常工作的重要部分。

　　很多时候，美好的感受都是和对美好生活本质的追求联结在一起的。当我们觉得某个空间或某件家具"美好"时，我们喜欢的其实是它们所暗示的生活方式。我们有理由相信，有着智慧的木质家具，会在这群有着相同理念的年轻人手中，散发温度，延续自己的使命，将美好的生活方式带到城市里每个爱木者的家中。

"轻客"在行动

文/周开颖

● 周开颖

天秤座公关女，专业德语。"爱折腾"长在基因里。喜欢拍城市的边边角角，喜欢和不同的人聊天，喜欢新鲜美好的事物。用文字和图像捕捉日常生活中转瞬即逝的"灵光"。

永久，曾是20世纪的传奇。大部分年过30岁的人会告诉你，这曾是父母生活中的"三大件"之一，花了3个月工资买来；这是爸爸宽厚的肩膀，那个结实的三角架上有过那么多美好的童年；这是冬天里用湿抹布一点一点擦拭钢圈的胡萝卜手指……"永久"这个名字一度和许多美好的事物联系在一起。岁月的眷恋赋予了这个70余

年历史的老品牌荣耀，而它也记录了一代人青春无悔的记忆，成就了一代人难以割舍的情感。

Chic Life & Clean

　　1940年，上海第一家自行车生产厂——昌和制作所（永久自行车厂前身）在上海东北角的唐山路开业。当时产品的型号单一，全是26寸规格，黑色油漆，曾叫作"铁锚牌"和"扳手牌"。1949年，由于种种历史原因，厂里请专人设计了一个新的商标，命名为"熊球"牌——商标上是一只北极熊站在地球顶端。后几经讨论，反复酝酿，最后决定采用"熊球"的谐音"永久"作为品牌的正式名称，这便是永久牌名字和商标的由来。1949年年底，永久牌自行车正式诞生。1957年，31型轻便车问世，其新颖的样式、装饰精细的表面、优越的结构性能，首次开创的男式、女式车款，在当时国产自行车中鹤立鸡群，在上海、北京等地上市后，立即被争购一空。之后，永久又开发了中国第一代660MM轻便车、载重车、赛车及电动自行车、LPG燃气助力车等一系列产品。

　　2010年，在一群有想法有冲劲的年轻设计师配合下，永久倡议重

塑当代中国都市骑行生活态度，并身体力行打造了全新子品牌"永久
C"。时髦的永久C一头挑着老永久代表的"自行车王国"的记忆，另
一头则用时尚的设计引领都市生活的新风格。永久C中的"C"含义
丰富，不但有"中国"（China）"经典"（classic）"都市"（city）
"多彩"（colorful）"自行车"（cycle）和"文化"（culture）之
意，更体现了"chic life"（轻客生活）和"clean"（干净）的新鲜观
点。"chic"被形象地音译为"轻客"，意味永久C不只是一辆骑行工
具，更是一种生活方式，"clean"则代表永久C不只是倡导低碳骑行

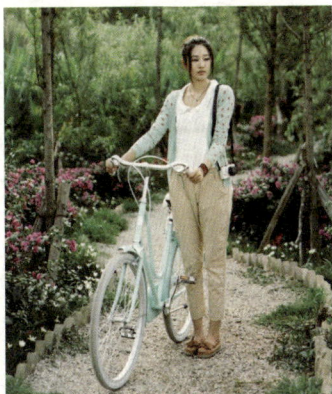

生活，在设计过程中也运用了多种环保材料。这个被称为"轻客"的群体自由、独立、环保、热爱生活、百无禁忌。永久C背负着一个美好的梦想出生：让自行车回到中国人的生活里。

永久C第一款上架销售的单车是"北山"，这个名字取自杭州西湖边最适合骑行的美丽街道北山路。北山是经典大三角架款式，在造型上没有夸张的表现，而是保留了人们记忆中永久经典款"二八大杠"的风韵，但它在尺寸和配色上花了不少心思。传统的永久自行车，车架从欧洲引进，所以车架比例并不太适合亚洲人骑行。

设计师们花了很多时间改进了车架的比例，使得亚洲男性在骑行这辆自行车的时候，再不需要弓背弯腰，而是可以像绅士一样挺直身体优雅骑行，同时享受城市街道的风景。而这也正是一辆城市自行车所需要具备的要素。在配色上，永久C北山主体沿用了经典的黑色，但轮胎换成了浅灰色，这样的色彩对比使得整辆车看上去轻盈不少。"一侧是湖，通断桥达曲院风荷；一侧是山，青石板铺向旧时光。头顶是梧桐叶遮蔽，迎面微风夹着荷叶香。有风景，请追寻。"这是永久C北山希望带给大家的北山印象。而永久C其他系列的车名都取自各个城市最美最适合骑行的路名，希望能借由车名一并推广城市的道路文化。

永久C的诞生，始于设计师未能寻得满意的单车，希望造出一辆"简洁干净的自行车"。

它的设计并没有刻意追求复古，而是更希望人们把它当作一辆诚实的自行车。最初在设计永久C品牌概念的时候，便是想将自行车还原到最本质最简洁的状态，去掉所有多余的装饰，并保留永久自行车最经典的细钢管三角架。就像现在许多具有复古气息的产品，虽然现在看起来很文艺，但在当时的年代都是非常好用、诚实、低

调又谦虚的产品。

永久C的配色灵感源自对每一款车典型受众的想象。例如"颐和"的薄荷绿，带有一点冰淇淋色的粉绿色是对骑这款车的女孩的想象，她也许是一位穿着连衣裙骑车的温柔女孩；还有"五原"的橙黑配色，这种强烈的高饱和度的色彩对比，是对骑这款车的男孩的想象，他也许是一位喜爱电音与时尚杂志的时髦男孩。

"笃行"至远

在运输成本高昂的情况下，永久C仍然坚持整车配送。永久C的品牌理念是让所有热爱生活的人都爱上这件交通工具，也爱上它给人们带来的新的生活方式。因此，永久C的主要用户群并不是那些拥有专业技能知识的专业自行车爱好者，和自行车有关的技术门槛也需要降到最低，好让它成为每一个人都非常容易上手的交通工具，而省去组装过程便是一种让产品更人性化的体现。

自永久C系列出现在2010年中国国际自行车展销会上到其在淘宝上架，短短的时间内，纯粹、简单的永久C不仅彻底颠覆了大众对永久自行车沉重老旧的记忆，同时也唤起了人们尘封在记忆角落里温暖的自行车情结。在80后逐渐成为社会中坚，而文艺复古成为一种时尚的今天，永久成功地利用这次"情感回潮"在年轻受众群体中烙上了自己亲切而又时尚的印记。

产品创新只是永久C的第一步，在品牌的宣传和销售渠道上，永久C也在尝试创新。永久C的新车图样迅速在年轻人聚集的豆瓣、开心和微博等SNS（社交网站）上疯传，其中开心网上一个帖子被转了40多万次。腔调、复古、文艺、给力，简短的赞美词，几乎是满堂彩。永久C的限量首发仪式也办在了与其风格十分契合的豆瓣网上，而随后，永久C的官方淘宝店也正式开张——这也是目前永久C最主要的销售渠道之一。

不到半个月，首批生产的500辆车销售一空，豆瓣上、微博上，新车主们纷纷秀出照片。模特、歌手春晓甚至允许永久C免费使用自己与自行车的合影，即使用在商业行为上也无所谓，而且一下子买了40辆送给朋友。

在2013年中国国际自行车展上，永久C与龙域设计共同推出了一个设计创新的探索性系列——"笃行DUOO"。这是个看起来现代感极强的融合了竹制材料的设计，而"笃行"的概念源于《礼记·中庸》中"博学之，审问之，慎思之，明辨之，笃行之"，是为学的最后阶段，即提倡"知行合一"。"笃行"也代表一种生活态度：朴真，力行。提倡离尘脱俗的行事方式，回归真实、质朴、简约的生活本质。

随着时间的流逝，竹子表面会因为使用者的触摸，慢慢变得温润而富有光泽。让物本身携带使用者的印记，而变得更有价值，这也是产品设计中的一种情感化表达。自行车的复苏是城市化发展遇到交通瓶颈后的必然趋势，也是绿色环保出行方式的多样化选择之一。竹子与自行车的结合，也就成了设计思维的一种顺势而为。龙域设计一直致力于中国设计的研究和推广，提出了"China INSI"设计理念，要把中国设计与现代生活和新趋势相结合，这样"中国的设计"才更有意义，也更具活力。选用竹子作为材料，就是考虑到了它速生、坚韧的特性，及其中中国人文精神的投射。

然而"想做"和"去做"完全不同。竹子在工业生产中没有得到广泛应用，说明这种材料本身有很多"缺陷"，不能很好地适应批量生产的工艺要求。虽然存在这样的问题，但用竹子做结构件来体现"笃行"的"真"，从一开始就没有任何争议地决定了。竹子韧性虽好，但普通毛竹的刚性并不能满足自行车需要承受反复振动和冲击的要求。由龙域设计和永久C组成的项目小组开启了云南中缅边境的寻竹之旅，上千公里的日夜兼程后，终于在海拔2000多米的地方找到了理想中的竹子。而设计方案完成后，大家才发现"噩梦"其实刚刚开

始。试样的车型拆了装、装了拆，边做边改边测试。为了能将这种竹子应用于自行车的使用环境，项目小组进行了上万次的强度测试，不断改进，使其更加完善。最终成品所用的每根原竹上，都标注有竹子的生长年份和海拔高度，相当于独一无二的身份印记，这使得每辆单车都与众不同。

笃行系列中的"青梅竹马"情侣竹单车的车架所使用的原竹经20多道工艺处理，在保持自然原生的同时适于户外骑行环境，且具有良好的减震性能，坚固耐用，安全性能极佳。

而在2014年的中国国际自行车展上，永久C再次在经典基础上创新，推出了更加年轻时尚的街车系列和轻型电动车——"智动"系列。

为时代打上精神烙印

"没指望永久C只通过卖单车赚钱，因为永久C就不是一辆单车那么简单。"永久目前的CEO陈闪的话别有深意。"一旦永久C成为一种生活方式之后，它就不单单是消费品了，可能骑5年、10年都不一定。围绕单车的周边产品就可以大做文章，这些都可以放在永久C

这个平台上做加法。""单车简单，但是配件可以个性，我们提供的就是一辆经典的单车，而轻客们按照自己的喜好风格去选购包，选购配件。无论是把套、坐垫、车铃还是衣服，我们都会出不同风格的产品，满足个性化需求。" 生产部负责人陈海明一番话道出了其中的玄机所在。这位1986年就进入永久自行车厂的工程师，抱着非常开放但又很笃定的心态："永久C甚至会在不久的将来考虑个性化定制，可以在车身上加上独特的标记，或者定制符合自己喜好的自行车。当自行车成为一种生活方式时，为未来的消费者设计何种产品、提供何种服务一定是我们需要考虑的。这种定制概念可以为新消费群体打上老永久的新精神烙印。私人产品结合生活方式，未来的自行车行业就应该这样。"如果说永久C有一点小小的野心，那就是希望可以同时推动国内的自行车文化，成为中国自行车文化的代表者；希望可以让每个人都觉得骑车是件值得骄傲的事，树立中国新一代健康积极的价值观；希望可以一路走下去都保持初衷。如今，永久C正在积极和各种品牌合作，它的第一家概念咖啡馆也已经开业。

　　自行车绝不会从人们的生活中消失，好像它的名字——永久C。

只为一杯好咖啡的感动

文/徐徐的飞

徐徐的飞

某知名互联网公司的"挨踢"民工，号称技术宅却对文字有着天然的亲切感，总喜欢将看到、听到的故事记录下来，因为坚信富有生命力、存在感的文字，总会在网络的某次点击中，与人相遇，给人以美好的感受和想象。

你那么爱咖啡，你爱它什么呢？

你走遍世界，就为找一杯好的咖啡。

也许还没找到一杯完美的咖啡，你已经苍老。也许你找到的那一杯咖啡，已经是你的最后一杯。

你那么爱咖啡，你爱它什么呢?

可是，去找吧。顺着咖啡的香气去找。到那些没去过也没听过的地方去找。当你憧憬着一杯好咖啡的温度时，你是这个星球上最幸福的人。

爱咖啡的Fisher

洪涛老师说，如果《我是歌手》算成功的话，那是因为我们是一帮热爱音乐的人，如果你真的喜欢一件事情，就跟一帮喜欢它的人一起做吧。

洪涛老师声音很轻，但落在胸口很暖。他的话让我想起了一群年轻人，只不过这群年轻人热爱的不是音乐，而是咖啡。

今天想聊的主人公名叫Fisher。

19岁，Fisher便开始在一家咖啡馆打工。那家小小的咖啡馆为她打开了咖啡世界的大门，也养成了她对咖啡的热爱。

Fisher是幸运的。后来，她又先后进入两家咖啡馆工作，都是正规的连锁咖啡馆。系统的培训机制、自身的努力，加上对咖啡的热爱，奠定了她完善的单品咖啡知识及Espresso（蒸馏咖啡）理论基础。如今经营着一家淘宝咖啡店的她，又有怎样的故事呢？

专注、专心、专业

第一次进入"FisherCoffee"店铺时，你会不自觉地被这淘宝小店的专业所折服。

在这里你可以了解到：咖啡源自哪里？咖啡豆原产地有哪些？咖啡豆的烘焙程度如何，它们适用于哪些咖啡机、咖啡壶？如何正确地存储咖啡？速溶咖啡与现磨咖啡有什么区别？手冲教程……

相应的，你在这里可以买到来自于危地马拉、肯尼亚、印度尼西亚、哥伦比亚、埃塞俄比亚、萨尔瓦多、巴西……各个咖啡原产地的上等咖啡豆。当然咖啡爱好者所需的手冲咖啡电子秤、温度计、磨豆机、滤纸、滤杯、咖啡机、咖啡壶等各种咖啡冲泡器具也都能在这里找到。

遇见FisherCoffee，就像找到了一个失散多年的好友，而这家店铺，也不仅仅是一个淘宝小店，更像是咖啡爱好者的一个心灵后花园。

做一杯好咖啡是科学，也是艺术

如此专业的店铺，自然得有一帮专业的小伙伴。对他们来说，"干一行爱一行"实在是难，但是"爱一行干一行"却是顺理成章。

FisherCoffee团队成员中既有咖啡产业的资深人士：咖啡师、烘

焙师、咖啡机工程师……也有上一份工作和咖啡完全不搭边的IT男、车间大师傅……不过他们都有一个共同的身份——咖啡爱好者，也正是这一身份，让他们走到了一起。

他们怀揣着理想主义的小情结，死磕人类存在的意义，向往爱情和缘分，在满足别人的同时富裕自己，努力提高人民喝到好咖啡的可能性，痴迷于咖啡豆、咖啡制作技术与器具。

最开始只有两个人、屈指可数的产品、玩具般的iRosat烘焙机，而如今的FisherCoffee已经有了一个小型创业团队、涵盖5大类别的100种产品以及国际领先的Probat烘焙机。

彩云之南的咖啡梦

从在咖啡馆的第一份兼职开始到现在，Fisher接触咖啡已经10年了。

这10年间，她品尝过无数来自世界各地的好咖啡，却没有一杯是来自深爱的祖国。

难道中国就没有好咖啡么？

和无数咖啡同行、咖啡爱好者一样，这个疑问困扰了Fisher和她的小伙伴多年。作为中国咖啡人，他们曾为此感到遗憾和悲哀，却也暗暗发奋，待力所能及时，一定要为此做点什么！

随着小店逐渐走上正轨，业务能力的增强让他们开始有能力、有精力为"中国咖啡梦"做些许的尝试。

不管力量大小，只要勇于开始，就不会晚。

云南，是中国主要的咖啡产地

这些年，Fisher每年都会联系云南的咖啡种植户和处理工厂，接收来自云南各地的咖啡豆样品。每一次收到样品，她都极认真地进行烘焙和杯测，虽然经历了无数次失望，却从未放弃过希望。

也许是上天对他们坚持的奖赏，去年，他们终于迎来了期待多年的第一次收获！

他们用5种新的处理方式，挑选出两款云南咖啡呈现在大家面前。他们希望更多的朋友看到他们对云南咖啡的热情、对梦想的执着。

至于杯中口感，FisherCoffee的小伙伴们说，你会从杯子里喝到中国精品咖啡的未来！

但Fisher补充说，她希望大家购买这款咖啡是因为喜欢咖啡本身的特点和品质，而非民族情结。

坚守一杯咖啡的温度

FisherCoffee有一位熟客。

刚开店的时候，这位客人还是大学生，因为对咖啡感兴趣而与FisherCoffee结缘，后来每月都定期来店里购买咖啡。时光流逝，FisherCoffee在一年年成长，当年的大学生的收货地址也更改了数次，从学校到单位，从一个单位到另一个单位，从一个城市到另一个城市。他本人也从一个咖啡入门者，变成了骨灰级咖啡爱好者。

　　某天，Fisher突然发现，这位客人现在的收货地址多了好几个新的购买ID和收货人，她深受触动。于是在一次回馈老顾客的活动中，Fisher随产品给他寄去了一张明信片："不是所有人都在乎你飞得高不高，起码，我更在乎你飞得快不快乐，有时间停下来静静喝杯咖啡吧，我想让你跟我分享一杯咖啡带来的快乐。"

　　后来客人告诉Fisher，收到明信片，他感动得几乎落泪。虽然彼此素未谋面，但通过FisherCoffee，他在这个寂寞的世界里，始终能感受到一杯咖啡的温暖。

喝一杯好咖啡是生活

Fisher与她的小伙伴们在这条咖啡的道路上默默坚守着，如果哪天，你想试试咖啡带来的温暖，不妨淘宝搜索"FisherCoffee"，去那里看看，说不定你也会因为Fisher的只言片语而爱上咖啡，因为：

坚持世界咖啡原产地的专注梦想
用心烘焙每一颗生豆的专心时光
贴心维持咖啡新鲜度的专业包装
他们用手的温度
为你呵护一杯好咖啡的感动

第三章

情怀，初心的温暖

今晚，把童话带回家

文/徐徐的飞

● 徐徐的飞

某知名互联网公司的"挨踢"民工，号称技术宅却对文字有着天然的亲切感，总喜欢将看到、听到的故事记录下来，因为坚信富有生命力、存在感的文字，总会在网络的某次点击中，与人相遇，给人以美好的感受和想象。

也许每个女孩都曾经做过花店梦，花团锦簇的午后，层层叠叠的绿植，干净的玻璃以及干净的微笑。

也许每个女孩心底都珍藏着一个童话梦，一幢温暖的大房子，狗狗在壁炉前睡觉，花园里有森林有河流，隔壁小鹿来敲门说要不要一

起散个步。

当有一天，有那么一群人，悄悄把这个梦带进现实的时候，你是否愿意为他们停一停匆忙的步伐，陪他们走上一段路？

岁月的种子

徐立广是一个乐观开朗的大男孩，2012年夏天，他和小伙伴们一起创办了一家创意花草店——"水木三秋"。

在此之前，徐立广一直在国际顶级的咨询公司埃森哲从事咨询工作。至于为什么放弃了在外人看来"高大上"的工作，得从他小时候的经历开始说起。

因为父母的工作原因，徐立广从小就随父母到了乡下生活。7岁前，他大部分时间都在田野里玩耍，和小动物嬉戏，与植物相伴，这样的生活像极了宫崎骏动画《龙猫》里随爸爸一起搬到乡下的皋月和小梅。

后来，徐立广父母放弃了所有让他回到北京读书，经过努力他考取清华，毕业后顺风顺水地进入了咨询行业，一晃就是7年。

但岁月有着不动声色的力量，童年时光在他心里埋下的种子在悄然生根、发芽。2012年的情人节，徐立广受邀到朋友的花店帮忙，在那里，他看到了一本薄薄的留言簿，从顾客留下的只言片语中他感受到文字背后涌动的情感。这次经历给了他深深的触动，他想，这不就是自己一直想要的吗？也就是从那天起，内心的种子破土而出，他决定换一种生活方式，去做自己一直想做的事情。

梦想的初衷

筹备花店的日子，辛苦却又幸福。6个月之后，"水木三秋"正式上线。

"水木"象征着生命，"三秋"象征着时光，小小的店名代表了他创店的初衷：希望水木三秋可以陪人们走过生命中一段美丽的时光。

水木三秋的小伙伴们中不仅有清华毕业的高才生徐立广，还有具有海外工作经验的花艺师，同时徐立广也在吸引着那些和他一样因为勇于追求梦想而放弃了原本的好工作的年轻人。他们由于对花草发自内心的喜爱走到了一起。

淘宝上卖花花草草的店家很多，水木三秋不一样的地方在于，他

们销售的不仅仅是那一抹绿色，还有那想让人变得简单的美好情怀。就像开心的时候可以笑，痛苦的时候可以哭，郁闷的时候可以有所发泄，遗憾的时候可以有所寄托，憧憬的时候可以看见远方，失意的时候可以发现美好。水木三秋希望把世间的小情绪层层剥离出来，用他们的一双双巧手，借着绿色装进作品，从而放进顾客的心里。

水木三秋最希望的是，人与植物之间可以找到一种沟通方式，通过植物简单而沉默的外表，触碰到它们丰富而温润的内心。

设计的灵感

鲜花、多肉、绿植、苔藓……

大自然中的这些元素都成了水木三秋设计灵感的源泉。

　　徐立广最喜爱的是苔藓微景观产品，他喜欢苔藓的气质，也喜欢它的气味。他喜欢看它的茵茵绿色，喜欢摸它的绒绒质感，喜欢闻它如雨后春笋般的清新味道。苔藓是一种低等植物，蛮荒大地上最早出现的植物就是地衣、苔藓，之后才有了高等的草木出现，苔藓可以说是绿色覆盖地球的起点。

　　在他看来，有些人和苔藓很像，看上去很普通，却有着丰富的内心世界。

　　宫崎骏动画里的多多洛（龙猫），则是徐立广最喜欢的元素，因为这部电影的内在寓意是"只有心灵纯净的人才能看到多多洛"。他做了很多以多多洛为元素的产品，希望大家能回归纯真，做最真实的自己。

真实的自己

　　茵茵绿地、迷你森林、小鹿在散步、蘑菇在生长，还有龙猫多多洛和可爱的蓝精灵……这些儿时的美好回忆，经过水木三秋团队的妙手，在一只只晶莹剔透的玻璃瓶里幻化出新的生命，给你一个完全不一样的童话世界，带你重回幼稚园的美好时光，为你描述出一个世界，讲述一个属于你的故事。

如果有一天，有机会
去乡间闻草气花香
在田埂看风吹麦浪
偶尔抬头看一眼身后的大树
说不定你也可以听到身旁龙猫的呼吸
或者直接来淘宝的水木三秋
今夜就将它们带回家

真名士，自风流，何不来口肉？

文/朱啪啦

朱啪啦

每天工作12小时的PPT杀手，做了14年法医梦的咨询师。

热爱独处，热爱花草植物。

对人敏感，更爱以旁观的视角看世界。

性格偶尔开启暴躁模式，唯对美食的爱与期待，经久不变。

飘零大叔家的首页有个"飘叔狩猎季"的线上优惠活动。

大叔说："从前有头被狩猎的猪，然后变成了经典猪肉脯、沙嗲牛肉粒、香辣牛板筋、碳烤腊香肠……"

别问我为什么到了流水线的后半段，一头猪还能生产出鸭舌鸭脖

烤鱿鱼。

我想只是飘叔编故事的能力有限，又想多给顾客点实惠而已。

有酒有肉，夫复何求

人生不过喝酒吃肉。

让我吃第一口就爱上的小零食，不是店里的招牌猪肉脯，而是曲酒香肠。

按照飘叔的介绍，这是一款"靖江特色"的小食。靖江这地方本是以猪肉脯闻名的，就像是杭州的龙井虾仁、扬州的三丁包，据说过去的靖江，弹丸之地有着上百家的猪肉脯作坊，作坊一开，满街全是甜鲜甜鲜的肉脯香。

但靖江人最值得喝彩的创作，其实是曲酒加香肠。

我总觉得，食物与食物之间的搭配，总要旗鼓相当才能出来彩头。

料理中实力悬殊的原料战局总不好看，配了12只鸡的贾府的茄子，毫无招架之力地沦为肉香的配角，让人总想替茄子叫一声屈。

而那些代代流传下来的好食物，总有一种天生拉郎配的和谐感，桂花糯米藕如此，腌笃鲜如此，黑糖姜母茶也是如此。

粗犷豪迈的猪肉肠，配上淡淡酸香的酒曲总有一种奇特的诱惑力。这里的酒曲，一定要是白酒才好，桑葚酒桂花酒都略显娘气，衬不出猪肉的热烈和家常，而国外甚为流行的啤酒香肠，又如何比得了腊封的酸香？

　　既有肉，且有酒，夫复何求？

　　所以，即便现实辛苦辗转生活，哪怕身材走样烦恼多端，只需得一小包曲酒香肠在手，虽然不够美观精致，却能保有一种活得恣意的想象。

斯是陋室，口腹闲情

　　飘零大叔家的首页，被大叔命名成"飘零禅院"。一个肥头大耳络腮胡的酒肉和尚，就是禅院的镇宅汉子。

创办"飘零大叔"的孙铜初本身很年轻，"飘零"原本也只是他在网游中的个人ID而已。一个年轻、爱玩、无所谓的男孩子很难会有太多精致的情怀，本是为了兴趣和生计而开的店，也没有什么曲折动人的故事，但是这种轻松快乐的风格却恰恰成了立店之本。

每次来大叔的店里都是开心的，自在又惬意。

五个店小二，分别唤作年端、雪见、木芽、鸣神、雁来，有种俗世仙童的灵动自然。

"喂，这些名字有讲究吗？"

"随便取取的呀。"

连木芽也不知道木芽还是一种药材，叫雪见的小鬼也完全不看《仙剑奇侠传》，他们可以跟你聊聊肉脯蒸着吃最香了，可以告诉你章鱼足片是章鱼身上最好吃的部分，然后当你大剌剌地问起大叔的八卦，就能感觉到屏幕对面的小朋友一路小跑着跑远："主管他们在问balabala……你去回答吧。"

就这么下去吧。简单快乐的店。没有负担，没有压力，好像是在不经意间就招揽了新人旧客。

于是往来皆食客，口腹共闲情。

红尘翻滚，不改初心

写这篇小文时才知道，原来大叔2008年就在网上红了，凭借着诙谐机智的"反差评"回复，大叔在网上有不少的粉丝。

现在，以前凡事亲力亲为的大叔有了自己的公司和团队，早期看心情随意回复的用户评价如今也有了定制的范本，如今，已经很少能看到飘叔的幽默吐槽和机智回复了。

小店做成了公司，就难免要为公司形象考虑，孙铜初言论不那么自由了，但也甘之如饴。

的确，只要真心在，表象怎么变换其实都是万变不离其宗。用真心奉上的传统肉食，不珍贵，不稀有，但绝对可以让你吃得开心。

名士风流，一口肉

淘宝上有才情的店主很多，有想法的手工艺人从来都让人敬仰尊重，当我吃到手工的纱面和天然风干的笋干时，也总是默默地在心里为网络另一端的巧手妙人喝彩。但是，古法酱油、天然蜂蜜或是手工纱面会给我带来不自觉的紧张感和仪式感，反而是与飘零大叔的相聚，更像街头偶遇了臭味相投的老友般随意和轻松。

我当然喜欢正襟危坐吃一块小野二郎的寿司，也享受战战兢兢取用一块清蒸小苏眉的郑重。

但是唯有和朋友大呼小叫、手舞足蹈，或是在匆忙路途中、深夜疲惫时，嚼一口鲜香的肉，最让人舒服得想要呼一口气。

回到曲酒香肠。

《儒林外史》中的诸葛天申第一次见香肠时把它唤作"猪鸟"，那么，这些小指长短的"醉猪鸟"，真心希望你能喜欢。

愿我们相隔千里还能一起碰杯，
用一口酒，
来敬一块肉，
一场开怀。

松鼠公主，请带我去你的纳尼亚

文/秦舒雅

● 秦舒雅

太阳狮子上升射手，又自恋又爱胡闹；

学法律、做规则，写字儿、画画、玩音乐，左脑负责逻辑，右脑负责撒娇；

三十岁放弃专业，投身理想，从业余写手变成专职出版人；

青春期过长的不靠谱女青年。

带我去纳尼亚

我出生时，并没有挂着那么尖的刺和那么硬的壳。

长辈教导我，在这个充满锐刺的世界上，如果没有坚硬的外壳，如何能抵挡外来的伤？

我相信了，我开始不断地学习，学习怎样变得更尖锐，更冰冷，学习所有不明就里的生存规则。

直到有一天，我遇到了她，她身上没有刺也没有壳，只有温暖的光。她告诉我，她来自纳尼亚。

她也看到了我身上的外衣。是的，怎么可能看不到呢？可是她没有停下靠过来的脚步。

我的刺，在她身上扎出血痕；我的壳，向她的肌肤里射入冷光。

我开始不忍，开始反省，终于发现我并不喜欢自己的外衣，我甚至不需要它。

我要脱掉这壳这刺。我也要像她那样，去追寻自然和柔软，天真和纯良。

公主，请带我去，你来的那个纳尼亚。

一整片森林的想象

我的表妹，是这家叫"Dear栗"的淘宝店的忠实买家。春夏秋冬里的她，永远都穿得松松垮垮，身上总是带着小猫小狗小松鼠的图案。

　　她带我认识了这家很特别的女装店，她说，这家店有两个地方特别吸引她。

　　首先，栗家的每一件衣服都有丰富的穿搭。

　　一条简单的吊带纱裙，搭一件透明的短袖高腰罩衫，立即完成一套夏日的清凉配搭；搭配的若是厚蕾丝边或者蛋糕袖的T恤，就会带来甜美的印象。

　　栗家的衣服，好像每一件都有很多种穿法。姑娘们在买走它们之前，就完成了许多的想象：个性、丰富，有细节和层次，可以一会儿仙，一会儿甜，一会儿又清新自然。

　　对于每一个姑娘来说，一件衣服、一件配饰，就是一个道具或者一项元素，每一次穿搭都是一件作品。这样的创作，不应有终止，所以每一件衣服，都需要为创作提供无限的可能性。

　　另一个吸引表妹的地方是店铺上新时会更新的视频。

　　视频里，一直是那个娇小又灵气十足的姑娘，淡淡妆容，头发卷曲浓密，四肢洁净又修长。她的笑容清甜，从无扭捏的造型，气质天然，竟没有半点张扬。

　　有的时候，她站在一片花墙下，背着复古书包，探头闻着花香，面带浅笑。花的色彩也不浓艳，把她的面庞映衬得格外动人。灵动而又温婉的背景音乐，把我们带回曾经那个树荫茂密、花香阵阵的校园。

有的时候，她出现在树林里，穿着纱裙，摘取松果，追逐松鼠。阳光透过树叶的缝隙，在她脸上投下柔和的光影，虚幻如一场梦境。

这些衣服和镜头，仿佛真的可以留住我们心里的甜美时光，仿佛栗家就是那个通向纳尼亚的奇幻衣橱，一打开就是另一个世界，藏着一整片有麋鹿和精灵的森林，以及一座空置的梦幻城堡。

我们在与栗不期而遇的时刻，就可以踢开某扇隐蔽的大门，跳将进去，完成我们对于森林的想象。

穿一件贴身的爱情

我和我的"森女"表妹讨论，她为什么爱穿这些不挺拔、不收腰、不娇艳的衣服，她说："因为我喜欢啊。"

"为什么喜欢？"

"喜欢哪有为什么、不为什么。"

"女生的美，在于曲线，该收处收，该放处放。"

"只能说，我理解的美和你理解的不一样。"

"噢，哪里不一样？"

"美，首先得舒服。衣服穿在我身上，我舒服了，才能展现出属于我的美，那是自然的，不做作的。就好像你喜欢跋山涉水，号称要去看很少有人能看到的风景，你喜欢它，因为它是大自然最真实的面貌，没有人为的杂质。

"你踩着高到会崴脚的高跟鞋，穿得正经八百、一丝不苟，我理解，老姐你需要在人前显得职业而且端庄。或者，勒胸收腹，挤出本来没有的'沟'，就算不是为了取悦异性，至少也是为了把自己搞成符合大众审美的模样。如果这样你觉得舒服，那也没什么不好，可万一，你并不舒服呢？"

"呵呵。倒还真是。已经太久了，买衣服都是从旁人的眼光去看，那件穿在我身上的衣服，合不合身，亮不亮堂。"

"对嘛。如果身体的感受不舒服，衣服穿在身上的时候，都是在摆pose（姿势），随时随地地摆pose，简直如同戴着紧箍咒，哪有可能美啊！老姐，这就像你的爱情。"

"什么意思？"

"总想着给别人交代，总想着在别人面前是不是足够理直气壮。爱情比衣服更贴身，更要选择让你最舒服的。你不是不懂什么叫最舒服吧？"

"你是说，真实吗？"

"对，真实。就是想说的话不会噎在喉咙里，想做的事不会有这样那样的顾忌。"

我语塞了。

关于"森"的态度

"森林系"的概念最早源于日本，设计理念主要是崇尚自然，热爱生活，将生活中的各种自然元素融会杂糅，并形成自己的风格，从作品中体现出设计师对于生活的态度。

以前，我理解的"森系"，无非是一种穿衣风格：质地棉麻，风格小清新，样式宽松，气息田园，色调温暖。

现在，表妹以及栗家，让我体会到"森系"更多的内涵以及外延。那是一种审美的态度，是一种对待身体的态度，也是一种对待生活的态度：

其一，无论是穿衣还是行事，标准首先是自我的体验与舒适；

其二，热爱生活，亲近自然，不追求奢侈的消费，只追求简单而又真实的美好；

其三，内心平静而又坚定，柔软而又豁达，勇敢而又浪漫，既然做着森林的梦，就不惧怕未知的旅程里可能会有风雪和荆棘。

服装，仅是这种态度的物质载体。

Dear栗的店里，有一段话说得很好：

挑选一件衣服，其实是在与自己的身体对话。选择一次又一次地了解自己，面对内心，叩问自己，我是一个什么样的人，我想要展现出什么样的容貌？我们需要的不只是一件衣服，而是一个内心的出口。我们内心原本的那份美好，是不攻击、不浮夸、不奢华、不造作的。她平静而安稳，不应随时间的流逝而改变。

我们选择的衣物、食物、器物，潜移默化地成为我们身体的一部分，影响我们今天的面貌，也将影响我们未来的模样。如果不想丢失掉最初的那些天然，就要有勇气选择自然，选择自己内心真正的需要。

我又想到我的小表妹。

她永远不会去踩10厘米的高跟鞋，不会去穿盔甲战袍般的套装，不会在四季恒温的办公室里忙忙碌碌。她学自己喜爱的林学专业，要去开她喜欢的绿植店。她穿着栗家的漂亮的衣服，身上有小猫小狗小松鼠的图案。她安静而又专注，就算走在熙熙攘攘的城市里，依然能听到来自大自然的风。

一味一情怀，一禅一世界

文/徐徐的飞

徐徐的飞

某知名互联网公司的"挨踢"民工，号称技术宅却对文字有着天然的亲切感，总喜欢将看到、听到的故事记录下来，因为坚信富有生命力、存在感的文字，总会在网络的某次点击中，与人相遇，给人以美好的感受和想象。

寻觅那片海

如果记忆有味道，那或许是海的味道，只是这味道咸中带甜，有苦涩也有欢笑。

今天故事的主人公名叫虾米，她出生在广东闸坡，一个以渔业为

主的古镇，家里的叔伯都是以打鱼为生。

小时候的虾米喜欢听海，时常在海边捡起一只小海螺，放在耳边聆听，那个年纪的她总在想：那里面传来的是大海的呼唤吗？

长大后，虾米经过自己的努力考取了一所广州的大学，毕业后也如愿留在了广州这个城市，但在忙碌之余的闲暇时光，虾米总是摆脱不掉那份淳朴的思乡情。她开始怀念每次回家母亲做的那一桌子菜肴。

其实母亲的手艺并不真有多好，只是那一桌菜肴满是母之爱意与她之乡愁。

我恋长安

殊同的诗中说：

红衣佳人白衣友，

朝与同歌暮同酒。

世人谓我恋长安，

其实只恋长安某。

大学毕业后一年，在公司里，虾米和男友相遇了。

　　他们开始相爱。虾米很爱男友，男友也很爱虾米。

　　可是爱情呀，从来不会如想象般只有甜蜜没有烦恼。"父母其实也反对我和他在一起，因为他是外省的。"虾米说。而对于一生固守家园故土的人们来说，"外省"就几乎等于是"天涯海角"了。

　　恋上一座城，恋上的不是城，是城市中值得你留恋的人。没有这人或那人，没有人为他或她的愁思喜悦牵肠挂肚，这一座城，便空了。有谁会爱上空城、驻足空城呢？

　　用一片海的禅意，温柔地守候，澎湃地想念，丰沛地感恩，尽力地恋我们的长安城——这就是虾米后来开店的初衷，最原始最朴素的愿望。

以时间开始

听不到海的城市里，生活还要继续。

虾米像很多白领一样穿梭于写字楼之间，前台快递包裹越来越多，虾米和她的小伙伴们开始琢磨是否可以开家淘宝店：他们都会在周末怀念母亲的餐桌，都会在听到家乡话时心生温柔，那是一种感觉、一种情感，希望被传递，渴望被表达，想要被更多人看到。

"一味禅"开业了。

起初，几个小伙伴一边上班，一边顾店。后来，感觉到订单逐渐多了起来，虾米就正式辞职，全身心地投入到淘宝店里。

做淘宝也并非那么一帆风顺，线下市场的土豪纷纷入驻淘宝天猫跑马圈地，小卖家的生存空间被进一步挤压。除了流量匮乏，还有一件事也总是让虾米莫名地伤感："父母到现在也不赞成我辞职。或许，只能用时间来证明我的选择……"

自然的馈赠

做淘宝的卖家都深知货源的重要性。

好在虾米的家乡闸坡位于海陵岛，素有"南方北戴河"和"东方夏威夷"之美称。

闸坡的海是柔软的，它平淡，与世无争；闸坡的海又是坚硬的，它坚强，不屈不挠。

虾米小铺子里所有的海产品都来自她的家乡，来自家乡淳朴勤劳的叔伯邻里。他们亲自下海捕捞，自晒而成。海产干货始终保持着在大海里打捞回来，经过自然晒干所形成的自然形态，最天然，最朴实。

虾米认为做食品就是做良心，做责任。她绝不以次充好，缺斤少两。野生无盐淡干虾皮、渔家自晒特级干虾仁、野生头水紫菜、海上之蔬海带……虾米店铺销售的每一样食材，都是大自然给予的最好的馈赠，每一样，都藏着一份幸福，一个制造幸福的秘密。

厨房的秘密

因为喜欢美食的缘故，除了提供新鲜的海产，虾米还会为顾客呈上一份份精致又详细的菜谱。从食材的选择、厨具的准备到详细的制作过程，虾米都会为顾客一一说明，末了还会来一句：谢谢你的品尝，仿佛你已吃过一般。

其实，聊起来的话，厨房哪有什么秘密，厨房的终极秘密就是没有秘密，只有一颗热爱的心。

他们的信仰

谈及"一味禅"这个店名，虾米说，"一味"代表专一，一种味道，一种纯粹的来自大海的味道，百分百大海的味道；"禅"代表海的恩赐，大海给予的生命能量。

　　开店的这群年轻人生活节奏感超慢，喜欢慢慢地饮食，慢慢地工作，慢慢地生活，正如他们的一味禅，也正像个孩子般在慢慢地成长着。他们每个人都被胸中涌动的浪漫情怀激荡着。他们不知道，自己正在做的这些微不足道的事情是否可以归结到信仰的高度，可当一种行为变得像一种信仰，那内心的力量，澎湃到无法自抑，为了别人，也为了自己，必须一直努力下去。

　　夜深，

　　你睡不着。

　　静了，

　　谁听你故事。

　　梦里，

　　有一锅花胶大骨红枣汤。

　　记忆，

　　是这样味道，

　　温暖母亲的视线，你的生活。

一切很美，我们一起向前

文/果子李

▌果子李

她是混迹帝都的图书编辑，没头脑也很高兴，糗事一箩筐，把生活过成段子，励志成为出版界的相声艺术家。一个普通青年想改造自己成为文艺青年不慎沦为"2B"青年。平生最怕取书名和写简介，一听要写个人简介，她都要哭了。

绽放：保守和独立

我对茉莉的了解并不比别人多，甚至在很长一段时间里，我都觉得她经营的这家名叫"绽放"的店铺是一个很奇葩的存在。

在别家掌柜一口一个"亲"满脸堆笑隔着屏幕都能感受到90度鞠

躬的时候，绽放的旺旺永远是灰色的，这里没有客服，提倡自助购物。

我以为这种特立独行走不长久，谁料茉莉坚持了5年，一路高歌猛进，将绽放做成了100%好评的五皇冠店。

刚开始在她家买衣服自然是不适应的。有一回我拍了两条裙子需要改价，心急火燎找不到人，一抬头，看到页面上的说明：

我们是一家不开旺旺的自助购物店，在万千店铺中，希望保守一份不同。员工不要太多，但要像家人一样；产品不要太杂，要让顾客真心喜欢；发展不要太快，能时常回头望望来路……

我又好气又好笑，简直服了她了。

绽放实在不像一家皇冠店，商品的数量和库存都少之又少，偏偏每一件都精致，导致买家为了抢衣服每次都摩拳擦掌上演全武行。但茉莉自有一套理论，她说："我们店铺每周二上新款，每次只有16件，我们希望能够保持一种自己的风格和生活态度。"

真是个让人又爱又恨的女人啊。

绽放：茉莉和传奇

在我眼里，茉莉是一个传奇，虽然她自己一定不这么认为。

在认识老公三儿之前，茉莉是个爱旅游的文艺女青年。他们在一次西部的旅行中相识，茉莉为爱情放弃了在银行的稳定工作，跟着三儿去了北京。

三儿是电视旅游节目的导演。茉莉则半路出家当了图书装帧设计师。

工作之余茉莉时常在自己的博客上分享看过的电影和书，转让闲置碟片、图书。有人看到博客上的照片，对她穿的衣服也很感兴趣，就建议她分享服装。于是茉莉开始尝试卖衣服，结果每次一上传就会被抢光，效果出人意料的好，于是她干脆在淘宝上开了家小店，也没有什么野心，只是想把自己喜欢的东西分享给别人。

这家名为绽放的小店越做越大，茉莉和三儿不得不辞职专心经营它。他们建立了自己的品牌，"绽放——国内第一个专业旅行女装"。创业的艰辛不必赘述，茉莉却说好多事情都不容易，但真没有什么特别辛苦的过不了的坎。

一个人真正的幸福并不是待在光明之中，而是从远处凝望光明，朝它奔去，就在那段忘我时间里，才有人生真正的充实。

所以真的不是很辛苦。

　　这样说起来，绽放除了不开旺旺之外，好像跟其他店铺也没什么不同。

　　错了，有很大不同。

　　你点进她家店铺就知道了。

　　主页上最显眼的永远不是打折促销信息，而是茉莉旅行的照片和随笔，她把淘宝变成了自己的个人主页。对绽放来说，买卖不是最重要的，分享才是。虽然不开旺旺，但茉莉从来没有放弃交流，这里有全淘宝最活跃的交流区，无数"绽友"在这里分享她们的故事和生活。

茉莉是我见过最"唠叨"的掌柜，她那个名叫"茉莉碎碎念"的专栏洋洋洒洒写了有十万字，文笔不见得有多好，也没有新奇故事，但就是有无数人愿意看。

当然她也愿意写，因为"就是很想把一些东西分享给大家，现在我们相信的东西太少，但总有一些东西是值得去记录并说与人听的"。

笨拙又真诚。

绽放：温柔和坚持

有两件事让我对她刮目相看。

一是她曾卖过一件毛衣，非常受欢迎，卖出了数千件，女孩们穿在身上，一个比一个开心，欣喜地给了好评。茉莉自己也喜欢，也穿了。可几个月后发现毛衣起球了，茉莉十分内疚。虽然没有人来追究问罪，但茉莉给姑娘们群发消息，给每个买过这件毛衣的姑娘补偿一张50元的优惠券。

还有一次，她的店铺里新上了一件开衫。有个准新娘一口气买了7件给自己的伴娘团，茉莉知道后，将那姑娘已经支付的800多块钱退了回去，把这7件衣服送给了新娘当作贺礼。

如果一定要问100%好评的秘诀，我想这就是答案。

店铺和它主人的气质必然是相通的。

时间在流逝，绽放和茉莉却一如既往地温柔着、固执着，充满诚意，内心坚实有力量。

在这个飞速发展的时代，绽放坚持着慢节奏和慢生活，努力工作，享受人生，行走在路上。

不开旺旺的茉莉用空出来的时间带两岁的儿子环球旅行，去感受生活，去充实自己，把所见所闻点点滴滴都与人分享。

我知道很多人——例如我，在大都市里摸爬滚打，迷失在尘土飞扬的街道上，或者窘迫地停留在车流汹涌的红绿灯前。

在某个时刻，你突然意识到生命变得不那么厚重，你开始默然地、机械地，甚至绝望地去做一份工作，可是就如同你不能拒绝成长一样，你也不能拒绝这样的人生，因为你所拥有的不足以去抗拒这些，只能一再退让、妥协、舍弃。

可这世界上就是有一些人，能执着地守护自己的情怀和梦想，能让自己的生活过得充实而轻盈。

我做不到，但有人做到了，这让我感到欣喜。

绽放：成长与生命

在我看来，绽放最成功的地方不是五皇冠，也不是100％的好评，而是它从不迎合和盲从，以不卑不亢的姿态潜移默化地改变了很多人的消费习惯，乃至生活态度。

在这个步履匆匆的年代，我们太需要停一停，静下心去旅行，去

恋爱，去生活。

　　人的年岁越是增长，就越是需要一种温暖，需要年华中的浪漫，去平衡忙碌生活中的诸多压力，去获取更多与生活博弈的力量与勇气，去寻回生命中的天真和柔软。

　　我只是一个旁观者，看着茉莉和三儿一路走来，从重庆到北京，从北京到苏州；看着茉莉从一个不能忍受一点不认同，有一点点神经质的女孩，成长为可以忍耐自己有点邋遢的俏妈妈。

　　有人说，绽放是一个女孩的成长故事，是两个人的生命之旅。我无比认同。

　　最好的生活是什么样的呢？

　　是一片茶叶遇上一壶水，惬意地舒展了它自己。

　　绽放就是这样一种存在。

轮回月色与星之美

文/苏樱

苏樱

爱好催个眠，释个梦，写个诗，购个物……喜欢和朋友在月光下仰望星空，聊聊人生，灭灭理想。有记者证、国家二级心理咨询师证等数证。杂志专栏撰稿人，曾专访范冰冰、李宗盛、姚晨等数百位演艺圈人士及企业界领导。重度学习型人格障碍，接受过不下二十种心理流派和老师的训练。近来迷恋西方存在主义哲学和艺术，正接受存在主义心理培训。

就这样，看着星星长大

　　黄赤橙是个美丽的杭州女孩。

　　妈妈说女儿要富养，对她的呵护无微不至。

　　家里后花园有张躺椅，小时候，黄赤橙最爱做的事就是晚上躺在躺椅上看星星。院子里花香层层叠叠，天上星星远远近近。天气不热不冷的白天，黄赤橙就在草地上看云。

　　黄赤橙说自己的想象力就是在看星星和看云的时候被无限"放养"了。

从小学到高中，黄赤橙不是最努力的人，但是成绩一直很不错，这或许缘于是大学老师的母亲的优秀基因。报考专业时，恰好看到中国美院有个珠宝设计的专业，她眼睛一亮。女孩儿天生都是喜欢珠宝的，尤其一想到将来能够亲手做出自己想要的东西，满足感瞬间爆棚，她毫不犹豫地就在报考专业一栏写上了"珠宝设计"。

打磨岁月的孤独

有人说所有的艺术家同时都是工匠。你只看见戴珠宝女子的优雅轻盈，却看不到女设计师戴上口罩与金银铜铁死磕的样子。这样"分裂"的日子，估计没有几个人能真正坚持。

黄赤橙说自己是个能吃苦的人，为了一个灵感，可以把自己关在工作室里一个晚上。这个从小到大一直被呵护得如温室花朵的姑娘，可以饿了就啃包方便面，烦了就听两首歌继续奋战。做这些并不是为了钱，中国的90后活在一个崭新的年代，他们轻轻松松就得到了父母那辈人没能拥有的一切。

珠宝设计是时下最时尚的专业，但在过去，却是鲜少有人问津的。

　　妈妈曾经很心疼她："一个女孩子，为什么要这样拼？当个美术老师，安安稳稳，岂不好？"这样的话妈妈说过无数次，黄赤橙也理解妈妈的心疼，但她就是喜欢珠宝设计，她就是喜欢这样"死磕"，因为它能让自己美丽和快乐。

　　看到那些大师们的珠宝作品，黄赤橙忍不住会热血沸腾，觉得自己的生命都被点燃了。在她看来，所有成功的珠宝作品都应该是让人感受到美丽和快乐的，每件作品都寄托着设计师的一种情怀或是美好记忆。

　　情感是珠宝最昂贵的附加值。

　　没有感情的设计毫无意义。一件漂亮的首饰不但要取悦人，还要能够把人生的感悟用一种唯美的形式传递给他人。

　　这是做首饰非常让人享受的原因，也是黄赤橙的终极目标。

"然"，是黑夜对阳光的渴望

黄赤橙在大学里参加过一个比赛——"周大福2012年设想未来原创设计比赛"。她凭着一个宇宙与蜻蜓合欢的太阳能首饰获得了入围奖。

那是一个只要遇到太阳蜻蜓的翅膀就能转动的首饰。当年她对这款首饰的文字诠释是"小小的蜻蜓只要遇见了阳光，翅膀就能肆意转动，成为一个不熄的大爱宇宙"。

大学毕业，黄赤橙开了自己的设计工作室，取名为"然"。在她看来，生命本然的样子是最美丽的。她店铺的首页，写着这样的文字：

然，是流水的形状，是花开的声音，是相思的味道，是经历的回转。

黄赤橙觉得，古代女子的含蓄优雅，尤其是与别人对话时，一个"然"字的轻声应答，是钗头凤冠的矜持姿态，却藏着心照不宣的了解。

那样的高山流水遇知音是她所渴望的。

她用心地做每一款产品，希望遇到懂得的人。

云，从没有一刻相同

黄赤橙有个秘密。

她做首饰一般是在夜里，一个人待在工作室，打开灯和音乐，从不画手稿，想到哪里就做到哪里。

"就像小时候看到的云，没有一刻是相同的，也像我们的日子，每一天，从不会一模一样。"做首饰的时间，是对当下自己身心状态最简洁的提炼。

黄赤橙做过7颗石榴石的项链，意味"一周有7天都拿来想你了"；做过一半是木头一半是金属的戒指，意味"女人一半是依赖一半是独立"；做过绣球花系列的首饰，意味"每一段寻找爱情的路都是女人寻找梦里绣球主人的历程"；做过珍珠系列的首饰，意味"每个女人的独自垂泪都会变成闪亮的珍珠照亮青春"。

她也做过合在一起才完整的情人戒指，意味"'我泥中有你，你泥中有我，我与你生同一个衾，死同一个椁'，这样的拿生命当定情物的爱"；做过贝壳系列的首饰，意味"在海水中活过，也在太阳下等待过，带着无尽的秘密，温柔地包裹秘密，强硬地坚持自我，这样的姿态是有风采的"……

　　黄赤橙的灵感来源是多样的，她对珠宝那种饱满的热爱，充盈了她的生命。

绽放本然而全然的自己

　　有些日子是孤独地看着星星任灵感驰骋；有些日子是背着大包随意去一个地方，感受当地的云生水起；有些日子是聆听顾客的故事，为对方量身定做一款带着回忆的首饰；有些日子是和朋友一起看烟花，体验最美丽的东西在最璀璨的时刻凋落的失落感……

　　去年，黄赤橙加入了"向阳花"基金当志愿者，每个月捐出几款自己的首饰义卖，善款用来救助受到意外伤害的孩子。几乎每个月，她都会和浙江电台"民生996"的主持人鲁瑾一起，为"向阳花"义卖出席各种公益活动。

　　黄赤橙已经找到了自己的路。

　　她很欣赏的一位珠宝设计师万宝宝曾说过："设计珠宝是情感释放。"

　　大一的时候，她曾希望可以成为下一个万宝宝。但现在，她笑着说，其实花团锦簇的年华，珍惜当下比成为别人更重要，成为本然又全然的自己，及时体会生命的意义，就是生活对每个人的恩赐。

一朵花可以用多少诗歌来赞美？

一颗星可以从多少角度来仰望？

一种心情可以有多少形式来享受？

我在洁净的生命里生长，

祈祷拥有一颗透明的心灵，

和会创造的双手。

那些或张扬或内敛的首饰，

向世界诉说我的忧伤，

也诉说我的欢喜。

第四章
态度，理想的高度

一个人的车展

文/LIU

LIU

　　汽车媒体人、汽车专栏作家、汽车杂志主编，更是一个叫"U sir"的30岁车模收集者。在文章中他犀利、辛辣、敢说敢言，不惧怕任何人；脱离文字他没有了尖锐刺骨的咄咄逼人，唯一的爱好是给壁橱陈列台增添新的展车。

　　2014北京车展即将落下帷幕，只要随意在百度或者谷歌搜索一番，就有成千上万的信息瞬间涌现出来，"豪车""靓模""首发""独家"之类的字眼充斥着屏幕。在这个行当摸爬滚打十余年的我，已经学会自动屏蔽这些信息。厌倦了各大公关公司逢迎的笑脸，我开始怀念自己家壁橱中的数百辆汽车模型，虽然它们不是真的钢铁之躯，却一直帮我固守着我的梦想。

地点：一个叫首都的城市

汽车对你来说意味着什么？

对于这个问题，我想很多人不知道该如何回答。汽车是什么？工具、身份，或者被很多人抛弃又捡起的理想？对我来说，小时候对汽车的一段回忆就是最好的回答，那是我一直在追寻的东西。

小时候，我家四周是一片空旷的田野，我常站在田埂上对别的小朋友说："那栋房子就是我的家，这块田是我家的院子，你们随时都可以到我家来玩，我家里有一辆玩具小汽车，你们可以来看，但是不能摸。"

7岁的时候，我搬进城市，院子变小了，四周安上了树篱当作围墙，我常跟邻居的孩子们在树墙间穿来穿去地玩耍。我说："我家的这道墙，处处都有门，随便你们进出，我有好几辆玩具汽车，你们可以来看，但是不能摸。"

10岁的时候，家里把树墙除去，改建了一堵砖墙，墙不高，所以

邻居小朋友们常站在墙外的垃圾箱上跟我聊天，我把我收集的汽车玩具摆在围墙上，供大家欣赏。

12岁的时候，家里把墙加高了，并在顶端砌上尖尖的碎玻璃，来看汽车的小朋友越来越少。

20岁的时候，我来到北京，在学校的旧货市场花20元买了我人生第一个1：32的仿真车模，放在我的床头。我对室友说："你们可以看，但是不能摸。"

工作后，我留在了北京，开始与以往不同的人生经历，结识不同

的朋友，同时我也发现了我所热爱的事：收集车模。这也许是我比别人都要幸运的地方——我在还很年轻的时候就已经明明白白地知道自己喜欢什么，想要什么。于是我晃动笔杆，调侃生活，走街串巷，收集车模，尽情地追求我要的自由和快意。

人物：一个我称之为"X"的店铺老板

这个人对我来说意味着什么？

初出茅庐，锋芒毕露，或多或少会惹一些是非，不论是与各大品牌的公关公司之间的不愉快，还是与汽车界其他大V的骂战，曾经那个只想开一场车展的少年，一时间成了业界风云人物。我在迷茫：混乱中的我还是我吗？

2009年，淘宝开始活跃起来，还在走街串巷寻找车模的我，在公司女同事的帮助下，注册了一个淘宝账号，开通了支付宝，在搜索栏中输入了一个关键词"车模"。一家叫"左右"的店铺里，有我寻找了很久的一款车模，于是一个被我称为"X"的人开始向我推荐他的存货。

虽然这么多年来，我们只是讨论车模的问题，我不知道"X"是男是女，是老是少，但是Ta也有一个心愿，就是能够将自己的货摆在一个现实的场地中，开一场车展。而这一点非常对我的胃口。我们经常因为一款车模的零件设计争论得不可开交。一款好的车模起码应该有60～70个的零部件，而且必须在原汽车厂的授权下，照着原车的设计图纸按比例缩小后进行生产。所以，不懂车、不懂车模的人，根本不能开一家好的车模店，因为没有独到的眼光，是不可能进到正品货的。

"X"的手中总有一些宝贝，但是却不轻易摆上架。起初我对车模的品质还不是很了解，"X"就把自己的经验告诉我。选车模，第一要看品牌，包括仿真程度、模型厂信誉和车身上印刷的品牌。第二看年限，最现代的和最古老的是最有价值的。第三看零部件，尖端的车模零部件少则100个，多则500个，生产工序在300～1600道之间，主要的零部件，比如轮胎的品牌，也是重要的鉴别因素。第四看功能，功能越多价值越高，比如有些车模连车窗玻璃都可以手摇升降，这在模型界是很少见的。第五看发行数量，发行数量越少越有价值。第六看制造质量，包括油漆是否光亮、车门是否完全闭合、模型重量如何。第七看仿真程度，外形是否与原车酷似，细节是否逼真等。

　　而我则利用自己在汽车圈的新闻敏感度，告诉"X"哪一款车型最近市场看涨，应该多进一些货。"X"对车模的专业知识和优质的货源，让Ta的"左右"小店，越开越大。

　　有些人的存在对于我来说是一种交流，少了他们，这条道路上我会倍感孤单甚至是无趣；有些人的存在则是上天给予我的礼物，让我时刻充满动力地去做自己想做的事儿。这些人都应该存在，这样我的人生才能完美。"X"应该算得上一个素未谋面的老友吧，虽然现在的"左右"已经不能满足我对一些绝版车模的需求，但是我仍旧隔三岔五地去看看，Ta放上架的那些新品车模依旧品质独特。

事件：一场一个人的车展

　　是孤芳自赏？还是别树一帜？

　　我和"X"，是因为喜欢车，却买不起那么多真车，所以只能将热情寄托在车模上。我和"X"，是因为拥有关于车的梦想，所以收集了很多车模。在这个时代，还有什么比拥有梦想更"土豪"？

　　2014年，我家中的壁橱里已经摆满了车模，我早年拟下的一份汽

车清单已经全部打上了勾，我也为所有车模写好了介绍，在2014北京车展开幕的那个周末，我把所有车模摆在地板上，每辆车都盖上一块手帕，一一让它们亮相，朗读它们的介绍。整个过程花费了近8个小时，观众只有我的一只猫。

10年的时间，这场"车展"终于是落幕了。

800余辆参展车模，一半来自"左右"，没有特别鸣谢也没有广告赞助，只是一场关于青春的记忆，关于多年来收到快递打开包裹那一瞬间的怀念。我想，"左右"从2009年开业一直到现在，也是

因为"X"有一个和我类似的心愿，才能将自己的小店开得有声有色吧。我也相信"X"根本不会知道有我这样一个买家，在这个时候，用从Ta手里买来的车模，开了一场这样的车展，完成了一桩持续10年的心愿。

其实很多人不理解我们这样的人，衣食简朴，却舍得花钱买上万元的车模。其实，道理很简单，我始终只是那个在田埂上邀请朋友到家里看玩具汽车的少年，从未改变。

把自己穿成一个传奇

文/苏樱

● 苏樱

　　爱好催个眠，释个梦，写个诗，购个物……喜欢和朋友在月光下仰望星空，聊聊人生，灭灭理想。有记者证、国家二级心理咨询师证等数证。杂志专栏撰稿人，曾专访范冰冰、李宗盛、姚晨等数百位演艺圈人士及企业界领导。重度学习型人格障碍，接受过不下二十种心理流派和老师的训练。近来迷恋西方存在主义哲学和艺术，正接受存在主义心理培训。

　　储静说自己是标准的中国传统教育出品。浙江大学心理系毕业之后，储静去中学做了心理辅导老师，两年之后转战企业做人力资源管理，认真负责的她读书、工作、升职……一直都是按部就班，顺风顺水。也许我们大多数人都像这样，符合家人期望、符合社会标准地活着，任岁月不断疯长，却突然在夜深人静的某一天，发现微笑越来越职业，内心的喜悦却越来越少。静下心来倾听内心的声音，我们到底该过一个怎样的人生？

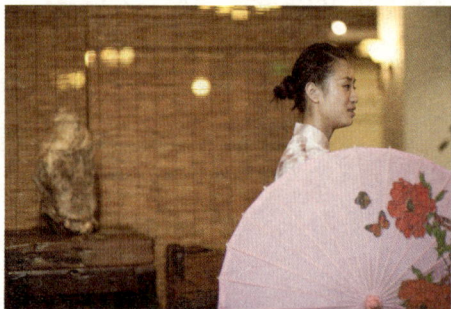

缘起：每个中国女人都有旗袍情结

　　狮子座的女生敢想敢做，几乎没和任何人商量，储静辞职了。那一年，她去了很多地方。有人说，我们之所以爱旅行，就是想在远方寻找到内心未知的自己。去云南，看那里的云卷云舒，储静发现原来自己也是个爱浪漫的人；去西藏，储静发现自己内心受到强烈的召唤，是一种对生命和神的战栗；去青海，储静发现那里的人们皮肤黝黑，笑容纯真，也突然领悟到人的美是多种多样的，只要健康自然就都是美的。

　　除了旅行，储静还尝试吃素食、禅修以及做公益。

在坚持素食的过程中，储静发现自己身体越来越平和，可以非常清晰地分辨出来每一种食材的气息，味蕾更加敏感，甚至在吃的时候，会联想这种蔬菜在生长的过程中感受过多少阳光和风雨，而每种食物的"性格"似乎也因此鲜活起来。

在禅修的过程中，储静发现自己以前活得太不接近内心，灵魂在一直沉睡，等待主人的触碰和挖掘。

在做公益的过程中，储静说她深深体会到一种快乐，放下这个人适合做什么、优点是什么、缺点是什么的职业性评判后，能发现每个人的更多精彩，而过程中结交的朋友总能让人的心情每天都充满阳光。这样的日子里，储静挥霍着积蓄，挥霍着从来没有肆意享用过的悠闲时光。直到有一天，她在同学聚会中遇见留学归国的老同学穿着旗袍，美丽不可方物。同学说："出国越久，越发现自己喜欢的是中国的传统文化。"这句话深深触动了储静。自己辞职后不是一直在追寻内心热爱的事物吗？传统文化和美，这不都是自己喜欢的吗？而旗袍背后，是很多老底子的文化和传统，如今却渐渐被遗忘了。

那天晚上，储静突然想起自己买过一本关于旗袍的书，马上起床披衣夜读。"旧时上海，是旗袍的天堂。先是流行高领头，领子越高越时髦，即使在盛夏季节，薄如蝉翼的旗袍也必须配上高耸及耳的硬领头。渐渐，又流行低领头，领子越低越摩登，当低到实在无法再低时，干脆穿没有领子的旗袍。袖子的变化也是如此，时而流行长的，长过手腕；时而流行短的，短至露肘。旗袍的长度更是两个极端，一会儿时兴长的，长到可以拖地，连鞋子都看不见；一会儿时兴短的，短过膝盖。特别是开衩，大胆的女性把衩开到大腿根部，抬腿跨步，两条玉腿时隐时现，好在那时已有长筒丝袜为之遮掩。相反，也有无衩的，女性穿上这种无衩旗袍，走起路来只好走着碎步，袅袅婷婷的身姿，犹如古典美人的'云鬓花颜

金步摇'！而这个时期旗袍最大变化还是胸围和腰围，从20世纪20年代的宽身、直筒的样式逐渐紧缩到贴身，有的甚至窄到要吸口气才能扣上纽扣，比现在的牛仔裤还要紧身。女性穿上这种紧身旗袍，三围曲线毕露，性感十足！

"由于旗袍能充分衬托东方女性之美，所以，一些电影明星和风尘女子挖空心思在旗袍上标新立异。胡蝶喜欢穿短旗袍，但又不便贸然行事，她动脑筋在短旗袍的下摆缀上三四寸长的蝴蝶褶衣边，短袖口上也相应缀上这种蝴蝶褶。而旗袍的长度缩短到膝盖下，袖子也缩短到肘上，整个小腿和小臂就袒露无余。因为'蝴蝶'与'胡蝶'谐音，胡蝶穿的这身旗袍，时人称之为'胡蝶旗袍'。另一位电影明星顾兰君，大胆在旗袍的左侧开长叉至大腿深处，同时又在袖口开了半尺长的大叉。这种'顾兰君式'的新潮旗袍，又立马被沪上赶时髦女性争相仿效。而著名'交际花'薛锦园，在旗袍的四周镶上一圈光彩夺目的珍珠花边。当她先后在南京路大东舞厅和静安寺百乐门舞厅亮相时，人们眼睛为之一亮，薛锦园名声大噪，而她的这款'薛锦园式'旗袍迅即风靡上海滩。

"当时爱美女性旗袍穿着方法多种多样，有局部西化，也有在旗袍外搭配西式外套。局部西化是指领和袖采用西式服装做法，如西式

翻领、荷叶袖、开衩袖，还有下摆缀荷叶边，或缀不对称蕾丝等夸张的样子，但这仅是明星和贵妇的社交礼服，大多数人还是喜欢将旗袍和西式服装搭配起来穿，在旗袍外穿西式外套、裘皮大衣、绒线衫、背心等，在脖子上系围巾，或戴上珍珠项链。不过，知识女性穿旗袍不是亦步亦趋，而是根据自己的爱好。最典型的是女作家张爱玲。在20世纪三四十年代，张爱玲穿的衣服，基本上都在上海造寸时装店定制。张爱玲虽然也爱穿旗袍，但她不赶时髦，而是自己画出旗袍样式，交给造寸时装店裁制。"

　　这些文字让储静心潮澎湃，夜不成寐，仿佛自己已经置身旧时上海，漫步在旗袍争奇斗艳的街头。其实，哪个年代都有好看的衣服，但民国那段历史里，有多情的诗人和敢于追求真爱、真知的女子，那是一个个性释放的年代，这样的氛围让人向往。再想想自己兴趣的关键词，心理学、禅修、旗袍、公益、素食……这所有的关键词在一起，反复在储静心里排列组合了很多天之后，储静做了一个决定：开一个文化创意公司，以旗袍为载体，聚集一帮朋友，喝喝茶，分享彼此生命中最美和最脆弱的时光，成为彼此生命中温暖的元素，一起传播关于做自己、爱自己以及真善美的正能量！

这个想法让储静非常激动，一直都是乖乖女的自己原来心里也有向往成为传奇、制造传奇的因子！那些穿着旗袍的人，创造过的历史、写过的诗歌、爱过的故事，被书本和影视作品经久不息地传唱着，为什么自己不能成为其中的一分子？"好像是迷路的孩子终于知道了家的方向"，储静开始寻找旗袍的制作工厂，广州、义乌的工厂便宜，但是质量不够好，做工比较粗糙；苏州的质量相对要好一些，但仍然不够精致；杭州是丝绸之乡，做工精细，但是价位又过高。纠结中，储静无意中了解到朋友的朋友正经营一家旗袍制作工厂，储静马上跑去实地考察，惊喜地发现这就是她一直想找的工厂——多年专业制作旗袍礼服经验，工人都是熟练工，成品做工精细。最关键是板型很好，衣服能很好地展现身材的优势，遮蔽劣势。很多女人想穿旗袍，但又纠结于自己身材不够完美，没有勇气把衣服穿出去。其实，就算好莱坞的女星也未必个个身材火爆，像温斯莱特，微胖界的她照样穿出自己的万种风情。储静相信真正好的东西，可以靠口碑传播。就这样，她注册品牌，开淘宝店，在杭州香积寺旁的运河历史街区大兜路开了家古色古香富有韵味的实体店铺。

正传：旗袍是传播生活美学和生命诚意的链接道具

　　"南方嘉木"是储静旗袍的品牌名，南方嘉木本是茶的意思，她给自己品牌的广告语是"带着微笑"。储静相信，那些爱好旗袍的女人，骨子里一定也是宁静从容、淡泊智慧的。中国人自古爱饮茶，在饮茶的当下去感悟生命，以茶会友，以茶悟道。那穿着旗袍的女人，带着淡淡的微笑，端坐在开满兰花的院子里，品香茗，读诗书，或是素手做羹汤，为夫君和孩子准备精致的饭食，又或是飞针走线赶制一方意义深长的刺绣。那样的生活，有几个女人不喜欢呢？储静的旗袍店开业之后，吸引了一大批这样的女人。杭州城里的很多大学老师、心理咨询师、白领，还有那些追求生活品质的全职太太经常三五结伴来工作室试穿旗袍。储静总是非常耐心地帮客户挑到最合适又喜欢的旗袍，让顾客在聚会中大放光彩。很多以前没穿过旗袍的朋友发现，其实，选择衣服也是一次心灵的碰撞，是对自己心灵的一次关照。旗袍风情万种，温婉的、大气的、华丽的……各种风格，曲线与色彩兼备，是最女人的服饰，每当她们发现穿上旗袍的女人都特别有味道后，总对自己作为女性生出特别的欢喜。客人试累了，储静还会端出自己特制的有机蔬菜沙拉，请她们歇歇再试。储静一直坚信"内心绽放，美丽自来"，身为心理咨询师，她静静地陪伴你，与你交流，挖掘你自身的亮点，肯定你的美丽，从女人的性别角色、社会定位聊到女人要如何在生活中爱护自己。她总是有让人安定的力量。不论买不买旗袍，储静都欢迎感兴趣的人常来店里坐坐——那里简直就是补充心灵养分的加油站。

储静也发现，朋友间想法的碰撞总能给每个人带来新鲜的体验。特别是客户形象改变，找到适合自己的旗袍之后的惊喜雀跃，常常感染到储静，让她非常有成就感。她想，自己为何不牵头做些心灵成长方面的活动呢？于是，储静和各方朋友商量，定期为各种角色的朋友

定制一些活动。单身的，来，我们办个旗袍红酒交友沙龙，请你化上最娇美的妆容，穿上最婀娜的旗袍，在红酒微醺的气氛下勇敢说出你对未来伴侣的期待。如果你愿意走个秀，摄影师还会抓拍你的美丽瞬间，为你定制最特别的回忆。这样的沙龙，还真的成就了一对！一个之前属于非典型美女的女生，当她面容绯红穿着一套蕾丝旗袍在沙龙上读自己写的诗时，一位爱好打太极拳的北大帅哥立马看呆了！他们现在已经在热恋，据说经常会来储静的旗袍店分享自己的幸福感受。如果你有家有子，希望有一群同样喜欢传统文化的朋友聊天交流，储静和读书会、旅行社经常举办自助游旗袍秀，去巴比松乐园看薰衣草，拍穿着旗袍的美照；去西湖边重走民国才子才女们诗中的山和水，读享那个时代留给我们的经典。

　　储静自己也从这样的活动中发现，原来那么多的人，在街头擦肩而过的时候是那么不起眼，你甚至再也想不起她的样子，可是，当有了适合的舞台，在自己有兴趣的书或者投缘的朋友面前，她们是那么光彩照人，值得细细品味。这样的活动多了之后，储静越来越深信，人与人之间需要有真实而温暖的链接，所以，遇到投缘的顾客，储静也愿意不辞辛劳去帮她修改尺寸。储静一直说，选择自己创业就是修行，修性格，修脾气，修品德。不过，也遇到过带着孩子的顾客试了很多件旗袍却只买了一件几乎是成本价的特价款旗袍之后，带来的孩子还向她索要店里的扇子，储静笑了笑，还是给了——"那个问我要扇子的孩子才七八岁，她只是单纯地太喜欢那把扇子了，那就给她吧，一把扇子带给她的快乐会比金钱带给我的快乐要大很多"。就是这样的善意，让储静的朋友都无条件地聚集在她的身边。旗袍需要模特，需要摄影师，于是气质清雅的女孩子和技术一流的理工男二话不说，抽空出来，大热天毫无怨言地帮储静拍摄照片。储静想去学习心理学，这时，有趣的事情发生了，平时里看起来完全不像售货员的各行朋友纷纷现身，"让我体验下生活，给你当一天看店员"。朋友的好意，储静自然笑纳。所以，如果你在店里遇到的"小二"，是个大学老师，是个外科医生，是个中文系才女，是个职业模特，都不要意外，她们都是来客串服务员的。或者，要是你哪天在试衣服的时候，发现有条小黄狗一直围绕在身边，亲热地蹭你，也别意外——旁边香积寺的师傅喂养的小狗就是特别喜欢储静的店。有人说，小狗喜欢的人，一定是热情温厚的。这就是生活中最家常的温暖，享受它吧。

延伸：把中国传统文化凝缩在衣服中穿给世界看

　　储静说自己很惭愧，太喜欢面对面的交流，网店的管理有点疏忽。从今年开始，她的品牌增加了棉麻衣服，"喜欢那种仙仙的，宽松的，特别舒服的感觉"。服装业竞争激烈，总需要有自己的特色。一个偶然的灵感，储静决定以后自己每件衣服都要有个盘扣——那需要耐心和柔情才能盘得标致出彩的扣，就像每个人的故事一样，本来

都是一根根平淡无奇的丝线而已，可是，有了爱，有了灵魂，有了追求，就可以变成一颗很独特的盘扣。谁没有自己的小情结呢？或是美丽，或是忧郁。如果衣服是性格的延伸，如果盘扣是心情的外化，那么，就让我们用百分百的耐心，接受自己的所有优点和缺点，把自己独特的生命体验，做成最精致的盘扣，静静地穿给这个世界看。今后，储静还打算推出一批做工精美的丝绸围巾和披肩，让客人们可以自由搭配。

本来只是想做个旗袍工作室，却一不小心变成朋友圈的相亲、读书和旅行活动的策划人，又变成推广心理学和美学的生活家，这个结果，储静自己也没有想到，但是，顾客的反馈让她越来越坚定了走下

去的决心。

　　曾经有个客人建议她，将来出一本书，里面是365个旗袍女人的生命故事，或是把女人们从穿汉服到穿旗袍再到穿棉麻衣服的样子全部记录下来，分享给所有人。储静动心了。与一个个灵动智慧的女人对话，与一件件独特美丽的衣服相遇，这是一件有趣的事情。她想传递的理念是，衣服要选择能穿出自己性格的，宁可要精。每个女人都需要在不同的年龄为自己购置合体合心的衣服，这种购置，不仅仅是在物质上满足自己，也是对自己的犒劳与认可。储静会特别搜集那些打动心灵的故事，慢慢地记录、跟踪，她想着有一天写本书，从七八岁的小女孩第一次穿旗袍的惊喜，到十八岁成人时穿上旗袍时的悸动，再到成家立业后穿上旗袍时的气定神闲，把那些最美最惊喜的画面和故事，先在自己心里发酵，酿成美酒，再端出来与世界共享。赚钱，只是这个美丽过程中一个顺其自然的产品而已，不必过于在意。

　　带着这样的小秘密，储静笑了，继续出发去寻找最美的旗袍。这个至今单身的女孩，对生活和美，有自己缓慢却坚定的守候——要好的，不要快的；要暖的，不要纯商业的。如果你也是这样的男子，也许有一天你们可以有一场灵魂的对话。

Ye's! Yes!

文/常方源

常方源

《浮城谜事》中的蚊子、《我知女人心》中的刘扬、《唐山大地震》中的小秘书、《军礼》中的翠翠 ……

不光爱演戏，还爱看书

有"柴"惊艳戛纳的China小女孩

为了戏剧可以搏命的小体格有着聚能环

笑起来是眼睛弯弯细又长的妩媚小清新

向左是文艺青年，向右是准女屌丝

且从不穿高跟鞋的"不平（zheng）常"姑娘

浮城迷事：一件怎么也刮不烂的道具服

2011年对于我来说是既幸运又辛酸的一年。幸运的是我被文艺片导演娄烨选中，成了他的电影《浮城谜事》的女演员；辛酸的是我在这电影里没有什么台词，净"滚山"了。

娄烨导演是出了名的对细节很讲究的导演，特别是对演员的服装要求很高。他喜欢演员着装生活化，自然大方，所以所有演员的服装都是他亲自挑选的。

我在戏中那件白色的复杂得要命的T恤，简直就是他的至爱。娄导演跟我三番五次地强调了这件衣服如何的美，如何的飘逸，他还强调说这是一位中国设计师设计的，设计师很有品位，在国内已经小有名气了。

其实他说了这么多，无非就是鼓动我坚定信心穿这件衣服。

我心想，有没有名气跟我有一毛钱关系啊？这设计师把衣服设计得这么复杂，对于拍戏全程都在"滚山"的我来说，这衣服简直是个累赘。我只想要一件紧身的、合体的、简单的衣服。

这件T恤本身很肥大，袖子处又设计了一个大圆洞，张开双臂时确实造型很特别，但是作为一件"滚山"的衣服，就非常不便了。我软磨硬泡，再三游说导演，可最终，我还是穿着这件衣服踉踉跄跄地踏上了我的"滚山"之旅。

电影中，我是一个被正房和二房联起手来谋杀掉的小三。剧情极其复杂。正房和二房两人齐心协力把我推下山坡，本人命大没死，站了起来，结果被飞驰而来的汽车撞飞，结果命大还没死，最后被暴怒的司机一顿乱踢给踢死了。

　　上述情节用两行文字便可表达，可就这么一段情节，我整整拍了11天。

　　这11天里，我被两位大姐推了无数回，"滚山"滚了无数回，被大哥开车撞了无数回，也被踢了无数回。

　　导演为了让效果更阴郁，全程瓢泼大雨伺候着，那件白色的纯棉T恤被雨水浸湿后死死地粘在我的身上，脏兮兮的，冷冰冰的，散落的头发挡住了脸，身上血迹斑斑。我一直认为我拍的应该是部恐怖片。

　　那件白T恤伴随我翻滚了11天，我已然伤痕累累，它却毫发无损。我仔细地研究了这件衣服，惊讶于它的质量之好，漫山的树枝竟然没把它刮出一点点的痕迹！这棉料的质量也未免太好了吧！

　　在这段噩梦般的拍摄当中，我非常憎恶这件刮不破扯不烂的白T恤，因为它见证了我拍戏的艰辛和痛苦。直到拍摄结束许久之后，我仍然能梦见那件沾满血迹的白T恤，但正是这件让我憎恶让我恐惧的白T恤给我带来了好运。

　　《浮城谜事》拍摄结束后一段时间，我接到了剧组的电话，影片入围戛纳电影节，戛纳也向我抛出了橄榄枝。

戛纳电影节：连体裤女孩的首秀

接到邀请的我兴奋又紧张。我没有参加过电影节，更没有走过这么重量级的红地毯。

我在网上找到历年的戛纳红毯秀，观察和学习聚光灯下明星们的一颦一笑、一举一动。她们璀璨华美的礼服帮助她们增加自信，也是帮助她们登上娱乐头条的重要武器。于是，一个最大的难题抛向我了：红毯秀上我应该穿什么？

我穿梭于各大礼服租赁公司寻找着那件属于我的礼服，我挑了很多也试了很多，总觉得没有一款适合自己。

正在我茫然无措，不断给各种朋友打电话求助之时，我突然接到了一个陌生人的电话。

这个陌生人竟然就是那件让我憎恶的白T恤的设计师叶谦。

叶谦得知我们的影片入围戛纳，也知道我即将奔赴戛纳，他说愿意为我提供礼服，希望我能穿着他设计的衣服走在红毯上。他说已经为我挑选了几件适合我的礼服，希望我能去他的工作室试穿。

虽然拍摄留下的阴影让我对他的衣服有种莫名的排斥和抵触，

但是盛情难却，我只好接受了他的好意。不过，以防万一，我还是从其他租赁公司租借了两套礼服。带着这些沉甸甸的礼服，我终于启程戛纳了。

我怀着忐忑和兴奋的心情抵达了戛纳，看着其他演员都穿戴整齐地预演着红毯秀，我对自己的着装就更没有自信了。我犹犹豫豫，拿不定主意，不知道到底应该穿哪件。眼看红毯秀时间将近，妆发都已齐备，就差穿上礼服出发了，我十分着急，工作人员又在旁边不停催促，我便鬼使神差地套上了叶谦为我选的礼服。

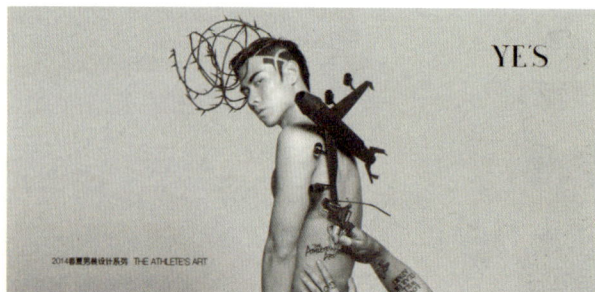

那是一件黑粉相间的连体裤，简单大方，还有点酷。

就这样，我穿着这件简约的礼服战战兢兢地走向了红毯。

没想到的是，叶谦的礼服再一次给我带来了好运！

这条连体裤竟然吸引了外国媒体的眼球，记者们大喊我的名字，让我驻足拍照，他们认为敢于穿这么简约的裤装走红毯的一定是个非常自信的女孩。其实他们不知道，我紧张的双腿正躲在肥大的裤腿里瑟瑟发抖呢！

　　因为戛纳红毯，更多的导演了解了我；因为这条连体裤，更多的媒体认识了我。而我，因此重新认识了叶谦，重新认知了他的设计。我得承认，他比我本人更懂得如何呈现出我最美的一面，他比我更懂得美的意义。

Ye's! Yes!

　　时隔两年，我又突然接到了叶谦的电话。如今的他在中国服装设计行业里已经颇有成就。他兴奋地告诉我，他在淘宝上拥有了一家属于自己的网店，希望我去看看，给他一些意见。

　　我很诧异，我不明白以他现在的成就，为什么还要做淘宝平台的买卖？

　　我看过后才明白，他的设计不单单是绚丽的礼服，更多的，是为大众而设计。

　　看到这些设计独特却不浮夸的衣服，看到很多艺人都在为他鼓劲儿加油，我真的替他高兴，因为我希望，通过淘宝这个平台能有更多的人来认识他、了解他、欣赏他！我也相信，他会用他的设计理念给更多的人带来自信，带来好运！

无滞于时光

文/陈啊囡

> ● 陈啊囡
>
> 　　法律系研究生一枚，律政俏佳人（未完成形态）。喜爱旅行、购物、睡觉、吃东西。梦想做个买手，开一家小店，贩卖品味。具有一旦关注某样事物，就会去做功课、搞清楚的优秀品质。

来，一起散个步

　　所有天然材质都有共同的缺点，易皱，也不如化纤易打理。

　　但你爱她和享受着她的好，就得接受她的不好。

　　就像爱人一样。

　　在一个阳光甚好的下午，我撞见了"漂浮记"。那时候，我刚大

学毕业，开始不再喜欢花里胡哨，想要寻求一些简单而美好的东西。

然后我遇见了漂浮记，干净简单的界面，极少的宝贝数量，空旷的图片背景，最重要的，还有店主的文字。

随性而真实，像是在自言自语。

她说："这是散步裙。不喜宽松的再见，不能承受周围有人说像孕妇裙床单布的再见。剩下的，来，我们一起散个步。"

漂浮安有定

漂浮记的店主老龙是个娇小的女生。

买家们亲切地叫她龙哥。

一开始我很好奇，一个女生怎么会叫这么粗犷的名字？她说，因为姓龙，朋友们就这么叫了。但慢慢了解之后，我想除此之外，或许还因为她有颗爷们儿的心。

更早的时候，老龙一无所有，生活里唯有自由。"水上漂浮安有定，径边狼籍更无依。"

她想，无论如何，且留住自己所有而仅有的吧。

那做点喜欢的简单的事吧，漂浮记就这么漂浮着开始了。

小灰是老龙的妹妹。有一年夏天，漂浮记莫名其妙开始忙起来，老龙一个人起早贪黑，经常忙到凌晨。小灰还没毕业，趁着空隙来帮老龙分担。故事顺其自然地发展，小灰对老龙说："你就认真做好衣服，其他事交给我。"

我想，世上大概只有小灰能让老龙把漂浮记安心地交给她，也只有小灰会全心全意地维护她们共同的小世界吧。

小灰说，她不知道如果不在漂浮记她会在哪里，但她确定不能更好。因为她们在一起啊！她们在一起，随时说笑打闹吵架和好，就像小时候一样，她们一起爬上屋顶一起在滑梯下避雨一起长大一起翘课。她们会吵架，吵很大的架，但第二天又抱在一起哭着说再也不吵架。而现在，她们还能够这样在一起。

在我看来，有了小灰的加入，漂浮记俨然已经是一个属于姐妹俩的世界，她们漂浮在一个想象里的安稳的家。关于漂浮记，老龙说："我尽力让她变成我想要的样子，她包容我的喜好、我的情绪、我的拖延症、我的懒惰、我的一切。她让我遇到臭味相投的人，我们都不孤单。"

去做喜欢的事

只是想做点自己喜欢的事。这个念头其实一直深深地存在于每个人的脑海里，小到吃爱吃的零食、买下喜爱的物品，大到以做喜欢的事为生。老龙说得轻描淡写，一开始，什么都不会，一边学一边做一边总结。没有计划更没有目标，饿不死就很好。

我是怀着羡慕、嫉妒、佩服的心情看待老龙这一类人的，我也想做自己喜欢的事：我想做个买手，开一家实体的小店，里面会有我从世界各地买来的各式各样的东西，家具、衣物、首饰、文具，甚至是餐具，每天坐在那个属于我自己的百宝屋里等待和我品味一样的有缘人。但事实是，我和大多数人一样，败给了现实、时间、家庭、负担、责任、社会压力……毕了业就辛苦地找工作、考公务员。所以，老龙在我看来是个勇士。她甩开世俗，潇潇洒洒地把头埋进了漂浮记里。虽然漂浮记的第一口空气，吸起来并不是那么的舒爽通透。开始的一两年，她甚至完全无法养活自己。不过，就像老龙说的，做喜欢的事和以赚钱为目的的工作最大的区别是，工作可以因为钱少了、老板口臭、同事不和等大大小小的原因而放弃、跳槽，但谁会因为爱好养不活自己就不再喜欢做这个事呢？

因为是喜欢的事

当我知道老龙至今仍对淘宝的营销规则和销售数据一窍不通时，我很惊讶。

她说她只想做喜欢的事，其他的她也做不来。

或许有人会说，漂浮记能在网络女装市场竞争如此激烈的今天存活下来，靠的是运气。老龙自己却绝对不这么认为，因为她"知道自

己有多认真，每一步有多脚踏实地"。

　　的确，没有人会敷衍自己的爱好。对于老龙，因为做的是想要做的事，她的专注不需要其他理由。

　　她会在工厂和师傅一起尝试工艺研究板型到半夜；有时候一款衣服换四五种面料都不满意，就搁置了等遇到满意的面料再做，绝不将就出售；也经常因为一颗纽扣纠结到头痛；会在看色卡的时候仰天大叫……

　　有时候在微博看到她纠结，会有一同纠结的代入感。

　　她全部心思在面料、款式、颜色、细节上。

　　她清楚自己喜欢什么能做好什么，才有了现在的漂浮记。

　　我有时候在想，什么时候我也能够如老龙般理直气壮地对人说"我知道自己多努力，多认真"。

住在身体里的自己

　　漂浮记的衣服都很简单，但风格却不单一。

　　我曾经好奇地问老龙，漂浮记到底是什么风格呢？

　　她说，看心情。

　　衣服对她来说是一种心情，没有最好看的衣服，只有合适与不合适。不同的心情，不同的场合，不同的天气就应该穿不同的衣服。她认为每个人的体内都住着很多个自己。

老龙的设计课没有毕业，她也不在乎真正的设计师应该是怎样的。

她说："我就做我想穿的衣服。"于是一切变得很简单。比如，漂浮记最标志性的懒人系列，因为老龙本身是个懒人。她认为，衣服要好看，必须先舒服。我想所谓的懒人，或许是一种慢生活的态度。不管世界的脚步有多快，仍旧有人只在意自己的脚步。

说到漂浮记的未来，老龙说："不知道，一点也不知道。就像几年前我也不知道她会是现在的样子。我越来越发现不是我在策划她，而是我在跟着她走。"

漂浮，终有定

漂浮记要做到我们八十岁，一辈子在一起！

毕业在即，不会忘记漂浮记和大学时光珍贵的记忆，漂浮记不变，喜欢漂浮记的心情也永远不会变。

这些是买家在评价里的留言。

　　老龙和小灰经常会看评价看到鼻子酸，甚至一把鼻涕一把泪。她们从没想过漂浮记会被人那么喜欢。

　　很少有人知道老龙曾经是个自我封闭的人，不爱上网不爱说话不爱交朋友，但她深刻地感受到，随着漂浮记缓慢而扎实地前行，她也在缓慢而扎实地变化着。这些变化远远超过她的想象。比如，刚开始，她最怕的事情就是和顾客交流，但慢慢地，她竟然喜欢上了这件事。她说，这是个很好玩的过程。

　　或许，漂浮记最初只是一个爱好，但我想，现在漂浮记已经是她的生活方式了。

　　她说："我做我喜欢的衣服，然后它们带我遇见很多的人。有的人离开了，有的人始终在。从此，天南地北素昧平生的我们，成长和记忆都有了交集。"

　　　我想把漂浮记带给你们，
　　　她在自己的世界里恣意妄为，
　　　像其中的一个我。

就这样将这情怀传承

文/陈周

陈周

汉语言文学专业，现居北京，于财经媒体从事记者工作。喜户外、爱写作、热公益。淘宝的购物经历始于2010年的帐篷、气垫床，后多是湖北的艾条、云南的普洱、新疆的葡萄干、青海藏区的黄菇等来自原产地的物品。

情怀与行动兼而有之，任何时代，都不是任谁可以做到的。

1963年生的陈平似乎做到了这一点，1989年生的陈茜也正在尝试着去做到，她更多的是用自己的行动去继续前者的情怀。

"树人书店"的陈平

陈平的微博更新至2013年5月27日。

当时他正在进行自己的骑行红军长征路线计划，那天他到了贵州一个叫镇远的地方，他说："镇远很美，在贵州山区中应该是个富裕的地方。"那时，他已经出发多日，每天都会在微博上发布拍下来的照片，偶尔配点文字，多是心情表达，或者是地名介绍。

5月30日，因为心脏病，陈平在四川泸州一个叫叙永的县城去世。叙永县城不大，连着几天都在传着，那天早晨有一个骑车的汉子坐在一辆准备开往重庆的班车上，读小说的时候，永远地睡了过去。

与网络名人木子美当天就表达了哀悼不一样，很多人，比如北京万圣书园创始人刘苏里等，多是半个多月后才知晓消息。随后一片哀痛的惊诧声起。

木子美说：陈平一生爱自由，活得有态度。虽然我当烛光少女时，他会调侃和批评我，但他也说过我是个知行合一的人。愿认识的人一起怀念他。

刘苏里说：陈平为人低调，书店关门不事声张，将近10年，找他找不到。

他们与陈平的相识，缘于陈平过往的一次创业经历，即20世纪90年代初期开在广东中山大学旁边的"树人书店"，书店维持了7年，主营学术书，他有一句名言：三联的书，我是有杀错不放过的。

很多人表达对他的怀念，尽管他们可能只有一面之缘。他的很多小故事一直被传颂，比如当全国上下都忙着"拜金"时，他甚至愿意收学生的饭票当作书款。很多人也记得他在书店里的样子：吃到米饭里的沙粒，故意高声问老婆，你想谋害亲夫啊？他老婆随之抛来白眼一枚。

陈平是上海人，求学于中山大学，树人书店关门后，他也尝试过其他创业，开过酒吧，办过饭店，因为种种原因，可能是合伙人，也可能是资金等问题，最终都不了了之。但他所有与商业有关的行为，几乎都集中在广东、上海。

他喜欢旅游，属于进藏较早的一批人，并经常游荡在云南周边，后来发现了丽江。那时丽江还藏在深闺少有人知，他对家人说"丽江太美了，太好了"。辗转江湖多年后，他终于决定在丽江生活，同时也帮助更多人更好地生活。

从丽江到淘宝

对丽江的偏爱裹挟着浓浓的人文情怀，同时做伴的还有生就的商业头脑和曾经的创业经验，所有这一切，在2010的时间节点上催生了一个叫"纳西田野"的淘宝店。

陈平用自己的姿态广而告之：

我在丽江生活，平时喜欢骑着我的山地车在丽江的各个村落晃荡。

丽江并不只是大家熟识的繁华的旅游城市。这里除了纳西人，在美丽的山区的陡峭山坡上，群山环绕的坝子里，聚集着傈僳、普米、彝、白、藏、汉等各民族。

他们的生活在我眼里是浪漫和美好的，但他们的经济还是非常不发达，种植农果产品和养殖家畜的方式很多都是非常原始的，制作方式也是非工业化的、传统的。这样的弱势是产量不高，经济性差；优势是他们的产品环保、无污染。

我热爱这里的特产，希望将它们带给淘友们。

我的理想，是能够让这里的土特产走出去，帮助当地少数民族同胞脱离贫困，同时也能让我因此有稳定的收入，可以跑遍丽江地区、香格里拉地区、三江并流地区各个乡村的美丽山川，在我陶醉在壮美的山河、民族风情里的同时，把他们的产品带给大家，摆脱不健康农产品的伤害。

他就是一个买手，跋涉于乡间、田埂、农家，采集来的山货都会配上一段文字，甚至还有根据路上的见闻而写成的"丽江故事"。

小店迅速聚集了一群来自城市伸长鼻子希望闻到田野气息的客人。

小店客人可以选择无条件退货。最近几年，因着竞争趋于白热化，许多淘宝店才渐渐开始承诺退货，但在当时，此种情况非

常罕见。

陈平的解释是，客人选购商品是一种人生体验，买到的东西不合心意，对人家来说，也是一种伤害。

偶尔，会发生因为自己的原因发错了"宝贝"的情况，他总是让对方保留错发的"宝贝"，同时再发一份对方原本想要的"宝贝"，即使是价值700元的松茸。

就算是这样——也可能正因为是这样——纳西田野被更多人认识，并愿意主动分享在这里的购物体验。

很显然，曾经的失败教训和成功经验，以及一种对人生固有的态度，在纳西田野发展过程中，都有了用武之地。

3年的时间里，淘宝店平稳升钻、员工扩大招募、实体店开张……一切都在按照预想发展。

有那么一段长长的时间，很多人知道树人书店，很多人知道陈平，也有很多人知道纳西田野，但鲜少有人会将他们联系到一起。他们都像江湖里的小另类，决然离开，或者贸然闯入。

纳西田野的陈茜

2013年5月30日前，陈平的女儿陈茜一直生活在广东，在领事馆从事一份清闲的工作，偶尔与政府打一些交道，有一个相处了5年的外籍男友。

与父亲陈平的交集是偶尔到丽江来看一看，在朋友圈里聊一聊父亲正在做的事情。两人也很少有合影，留存的合影还是陈茜小时候的，陈茜长大后，很少再有，"因为都是不主动要求合影的人"。

2013年5月30日后，陈茜辞去了领事馆的工作，到丽江接手了纳西田野："如果他唯一的孩子不做，那么谁又能来真正像他一样继续他的心血？"

刚开始的一段时间，她甚至自己都察觉到了父亲离世给她带来的

心理阴影，压抑、悲伤，随着事情一点一点做下来，才好一些。

父亲去世后的半年里，淘宝店的营业额比父亲在的时候略有提升，进入2014年后，略有回落。

陈茜分析说，营业额提升可能是父亲以前的朋友为了帮助她，特地从店里买东西；当然，还有一个原因，"一般来说淘宝上半年是淡季，下半年是旺季，特别是我们做的一些煲汤料和火腿，都是冬天比较好卖，尤其是遇上节假日或者周末"。

陈平在世的时候，每个月都下乡寻找山货，换了陈茜，她大约一个季度跑一次。路途远的，需要的时间就长；路途近的，两天就能往返。去永胜找火腿，去梁河找皂角米，去墨江找紫米……如果之前收购的农户价格涨得太多，她就只能去产地再找货源。去年下半年，紫米价格涨得厉害，她就不停地寻找，以期在保证质量的前提下，找到价格最有优势的。

陈茜正打算推出丽江的生态茶，这要经常去茶山，一趟茶山行需要十几天，因为要连着走好几座茶山，"都是一片叶子一片叶子亲自采摘下来"。

不出门的时候，陈茜跟所有员工一样，上午10点上班，晚上7点下班，遇"双十一""双十二"也跟员工一起加班。陈茜还在完善社保等一系列员工保障，她说，可能很多电商不会这么做，但如果爸爸在的话，肯定会这么做，所以她也要这么做。

比起领事馆的清闲，纳西田野几乎需要陈茜一天24小时都处于工作状态，但是她"心中有明确的方向，看到了大趋势"。

"我们正在进行质量认证，准备进驻天猫，将来还要利用社交媒体，做专区，做平台。我们在保留原有销售好的产品的同时再去寻找新的产品，基本保证经常有更新，随之而来的也会有淘汰。"

所有这些，她说都是爸爸的规划，而她只是在帮他继续完成。她说爸爸的规划比她现在正在做的还要多很多，因为他一直是走在前面的人，连智能手机的使用、社交媒体的运用等都要早于她。

直到那一天

现在的纳西田野，少了些山货的文字描绘，"丽江故事"也很长时间没再更新，而那曾经是很多人被吸引过来的原因之一。

陈茜说，这些她以后都会陆续加上，现在也有些文字是她完成的。但是关于她父亲的消息，她还没想好是否要在店里公布出来。之前有人跟客服核实陈平去世消息的真假，员工都说，消息不属实。陈茜说，那是因为他们一度不知道该怎么来做。

这么长时间了，为什么不告诉寻踪而来的客人，这店已经不再是那个中年男人在操持，而是他的女儿在打理？

她说："我曾经担心我讲出来的时候，别人会认为我是在利用爸爸博同情，现在我不这么担心了，但我还是没有准备好。等我准备好的时候，我会把很多故事都讲出来。"

外　篇

夏初·远方：

一座城、一爿店、一个萌
芽的爱情故事

Small and
beautiful

夏初·远方：
一座城、一爿店、一个萌芽的爱情故事

文/莲涧雨

● 莲涧雨

　　图书策划编辑，森系宅女一枚，非吃货的天然呆，不恋声会死星人。喵星傲娇毒舌控。左眼南北朝乐府唐诗宋词，右眼古剑动漫日剧网配。

{出走}

　　——是勇往直前，也许不知所措。

　　好像，我走了很远的路，碰巧遇见你。

你微笑或寡言都是好的。你在，便是好的。

我卸除过去徒劳无功的重量，启动夏天来临之前最后一次翘首以待。

那么，你呢?

{雨水}

——我一直以为，是你让爱情，长成了我喜爱的样子。

世界悬空。

视线所及，没有致命，却有杀伤。

想被谁揣摩，不仅仅被路过。

想被谁珍视，不仅仅被善待。

这些心愿莳小喵不擅表达，只会神经紧绷地暗示，失落的方式十分别扭。

认识小Z时，她决定迟钝些。

小Z念完理工专业就离开B城回到家乡工作，闲时配音。H城拥有全中国最精致的南方，他的生活如同市中心著名的湖泊一样自给自足。

　　如果温柔可以有形状，莳小喵想，大抵应是他的声音。

　　声音藏得深深，复现在悬空的湖泊。

　　莳小喵不是B城人。她滞留北地，为了画画。

　　这座冷酷仙境每逢春天都会掀起一城浩荡的风。刘海被吹得很乱，空气糟糕。她不爱它，依然留下。

　　她独自一人。

　　"买了小煎锅，周末试验一下你说的烘蛋糕。"

　　"是蛋烘糕……你的厨艺精湛到丧心病狂了知道吗？"

　　"那个……你有没有想过离开B城？"

　　"只要可以画画，也行。"

　　"这儿夏天的时候，湖里开满荷花。你会喜欢的。"

　　"是吗？夏天到了，我去玩。"

　　嗯。夏天到了，我就来见你。

　　2月14日零点。

　　"我去泡茶，等我一下，别睡。"

　　呼吸悬空。风声悬空。

世界越发悬空。

苏小喵抱着腿，想象小Z泡茶的样子。

"我喜欢你。小喵。我想和你在一起。"小Z的头像狠狠亮了亮。

苏小喵盯着QQ，呆呆咽了一口杯子里的凉水，狠狈呛住。

一北一南两座城，由Skype的耳麦与飞机两小时的航线曲折连接。

小Z熟悉苏小喵的兴趣喜好与生活习惯，教会她H城最好吃的桂花糯米藕、醋鱼和叫花鸡的烹制方法。

他似乎要劈开茫茫夜色，前来接纳她的畏惧和孤独。

他也独自一人。

即将进入清明细雨时节，苏小喵眼馋江南的青团。

于是有一天，她收到从H城寄来的包裹。

很大一箱，里面有两袋艾草青团、两袋桂花糯米藕、一袋醉鱼干，附加一盒邵芝岩笔庄的羊毫。

那家淘宝店叫"知味观"，在H城是尽人皆知的百年老字号名店，招牌菜品包括桂花糯米藕和小笼包。

她迫不及待地拆开袋子。碧绿的糯米团子裹着芝麻、莲蓉、红豆沙的馅儿，细腻黏润，清凉微甜，那种感觉，她想了想，仿佛恋爱。

我想象坐在湖边陪你吃青团的模样。焰火不灭，荷花着雨。草叶在时间悠长的匍匐中亮出薄荷香的底牌，将琐碎的雨天延续至遥远时空。漫过脚踝的湖水，侵蚀了预感。

都以存心消磨的姿势，静待夏天清脆的来临。

{顷刻}

——披上梧桐绿的阴影，我跑来给我们的故事一个开端，或者终局。

H城国际机场。航班晚点近两小时。

小Z拖着莳小喵的行李箱走过夜影幢幢。她的白裙子裹了从北到南的尘埃，剪影单薄。

从决定出发到订完机票，都是一瞬间的事。

打乱计划，擅自行动。

幼稚又荒诞。你一定这么认为。

想要，站在你身边。

想要，看看说过"我喜欢你"的你的表情。

想要，牵着手走去很远。

但其实，你并不想匆促赋予这些事意义吧。

为见面欢喜的，其实从来，就是我一个人吧。

虚弱的虚浮真相。只有尽头历历在目。

{湖山}

——这座城市收集年轻恋人不合时宜的念念不忘，对邂逅与别离见惯不惊。

H城南山路种满高大的法国梧桐，暮春里摇落一地天光，满街都是风情。两旁的小洋房投来傲慢迂回的注视。阴凉的空气在这里被湖水浸泡，落雨后青绿地着色。

灰蓝山脉沿湖泊际线圈起城市参差的轮廓。

望湖楼下水如天。

风从孤山腰追踪而至，带起过往的涟漪瓦解记忆。

从别处到这里。

她不晓得，是不是可以把畏惧和孤独安置在这里。

午饭是在距此不远的"知味观"。

点了小笼包、猫耳朵和桂花糯米藕。

半透明的小笼包汤汁鲜美。猫耳朵的糍糯程度刚刚好，有翠绿葱花漂浮其上。橙红藕节散发桂花蜜的清香。莳小喵缓慢咬了一口，明明同之前他寄给她的一样，却又哪里不一样。

"你有没有想过，假如不画画了会做什么？"

"我理解的'生活计划'，同你理解的有些不一致。"

"小喵，我本不需要一个感性文艺、不沾地气的女朋友。我找不到向心力的来源。"

原来不论多么温柔的男生，攻击起来也是一样。

他有他的攻击方式。

他忘记她是他说过"不会让你伤心"的人。

莳小喵问："事实上，你在等待出现的我，并不是'我'吧。"

"嗯，是的吧。"

所以，难过吗？失望吗？愤怒吗？

可是难过什么，失望什么，又愤怒什么呢？

如果是我们自己同自己起了天大误会。比如你认为我该是你设想的类型。比如我觉得我们从来不会真正分开。

还能责怪对方什么呢？

行人回头注视白帽白裙走在小Z身边的蒔小喵。她注视他。

十指交叉。烫伤的纹路压在心上。

他们艳羡的目光是真实的。我们存在于对方身边是真实的。

唯独生命线上游走的温暖，是不真实的。

清波拍岸，绿风如刃。柳条蘸着梦境降落水面，含蓄无根。

走了很长很远，已经无法往前。

世界熟悉地悬空下来。在哪里静止呼吸？

蒔小喵坐在湖边木椅上，仰头说了句什么，手里握着一叠手绘明信片。

小桥、流水、浮灯、人家……一切晃悠在千年不变的河川上，是无从打捞的理想片段，求不得及已失却。

你说在西塘开心是因为风景美丽，不是因为我。

我抬头直视你微红的眼眶，竟然并不怎么悲伤。什么我都有预感。

　　很想为我们的爱情再说点什么，再做点什么。

　　终究什么也没有说，什么也没能做。

　　分崩离析的未来。我晓得了。嗯。

　　而画里是西塘，美得就像自己从未去过一样。

{夏初&远方}

　　——那日湖风湮没的句子，是我藏在橙红藕节里的秘密。

　　葕小喵打算去东京找小佳一起住掉整个夏天。

　　时值立夏，小佳在多摩川边等待入梅的第一朵紫阳花。

　　"亲爱的小喵，爱情真的是随机事件。不若让他单纯地做对他的未来最好的决定，之后学着好好道别。"

　　收拾行李时，葕小喵看到在知味观淘宝店拍下的桂花糯米藕和粽子，不敢拆封的殷红礼盒，像伤疤，像离开。她觉得，最好想不起糯米藕和小笼包的味道。

　　皱了皱眉。衣上有水光，回忆有泪。

小Z捏着她秀气的鼻尖，目光随湖边白翼鸟辗转迁徙到她的睫毛。

许多次，不含爱意的温柔。

莫不是花前月下，你曾逢迎，我曾应答。

什么和什么就像幻觉。比幻觉更莫测，比幻觉更颓毁。

那些话无法说尽，于是那些不安没法澄清。

从前我害怕离开。是因为没来由地我觉得，离开以后，你就无心找回我了。

其实。

你曾找到我并靠近，关于这一点，我应当开心。没能拥有令你迷恋的品质，对不起。

我们之间骤然多出大片空白。可这没有让我难过到无所适从。

不会期望与你从头遇见。让迫不及待的心动，冒充了"喜欢"。

现在我想，爱是这世上唯一无法用利益最大化去衡量价值的东西。如果我爱你，你也恰好爱我，那么我就可以成为你的"标杆"，有气场、有能力潜移默化地塑造你，你会愿意顺着我的渠道沟通与生活，令许多矛盾解决在发生之前。

长久没有听过的，是紫阳花开谢的声音。

绕过周遭翠绿的罅隙，一分一秒，收拢青叶雨迟疑的回音袅袅。

只有滂沱的思念开成浅紫粉绿的重瓣，在透明伞面圈出的一小块干燥中，花团锦簇，日复一日。

这样梅雨过去，夏天正式来临。我也许离开你，启程去往远方。

你记得也好，哪怕你忘掉，那日湖边犹如蝉时雨过般的秘密。

时而寂静。

时而喧嚣。

–End–